专项职业能力考核培训教材

劳动关系纠纷处理

人力资源社会保障部教材办公室
上海市职业技能鉴定中心　组织编写

主　编：张宪民

编　者：潘　铮　石　琳　梁　园
　　　　陈　平　严　波

主　审：屠可风

中国劳动社会保障出版社

图书在版编目（CIP）数据

劳动关系纠纷处理 / 人力资源社会保障部教材办公室等组织编写. -- 北京：中国劳动社会保障出版社，2020
专项职业能力考核培训教材
ISBN 978-7-5167-4671-4

Ⅰ.①劳… Ⅱ.①人… Ⅲ.①劳动争议-处理-中国-职业培训-教材 Ⅳ.①D922.591

中国版本图书馆 CIP 数据核字（2020）第 165155 号

中国劳动社会保障出版社出版发行

（北京市惠新东街 1 号　邮政编码：100029）

*

三河市华骏印务包装有限公司印刷装订　　新华书店经销

787 毫米 ×1092 毫米　16 开本　10 印张　181 千字
2020 年 9 月第 1 版　　2023 年 6 月第 2 次印刷
定价：28.00 元

营销中心电话：400-606-6496
出版社网址：http://www.class.com.cn

版权专有　　侵权必究

如有印装差错，请与本社联系调换：（010）81211666
我社将与版权执法机关配合，大力打击盗印、销售和使用盗版图书活动，敬请广大读者协助举报，经查实将给予举报者奖励。
举报电话：（010）64954652

前 言

职业技能培训是全面提升劳动者就业创业能力、提高就业质量的根本举措，是适应经济高质量发展、培育经济发展新动能、推进供给侧结构性改革的内在要求，对推动大众创业万众创新、推进制造强国建设、推动经济迈上中高端水平具有重要意义。

根据《国务院办公厅关于印发职业技能提升行动方案（2019—2021年）的通知》（国办发〔2019〕24号）、《国务院关于推行终身职业技能培训制度的意见》（国发〔2018〕11号）文件精神，建立技能人才多元评价机制，完善职业资格评价、职业技能等级认定、专项职业能力考核等多元化评价方式是当前深化职业技能培训体制机制改革的重要工作之一。

专项职业能力是可就业的最小技能单元，通过考核的人员可获得专项职业能力证书。为配合专项职业能力考核工作，人力资源社会保障部教材办公室、上海市职业技能鉴定中心联合组织有关方面的专家、技术人员共同编写了专项职业能力考核培训教材。

专项职业能力考核培训教材严格按照专项职业能力考核规范及考核细目进行编写，教材内容充分反映了专项职业能力所需要的核心知识与技能，较好地体现了适用性、先进性与前瞻性。教材编写过程中，聘请相关行业的专家参与教材的编审工作，保证了教材内容的科学性及与考核细目、题库的紧密衔接。

专项职业能力考核培训教材突出了适应职业技能培训的特色，

不但有助于读者通过考核，而且有助于读者真正掌握专项职业能力的核心技术与操作技能。

教材编写是一项探索性工作，由于时间紧迫，不足之处在所难免，欢迎各使用单位及个人对教材提出宝贵意见和建议，以便教材修订时补充更正。

人力资源社会保障部教材办公室

上 海 市 职 业 技 能 鉴 定 中 心

目 录

培训任务一　劳动关系纠纷概述

学习单元 1　劳动关系纠纷概念与特征……………………… 3

学习单元 2　劳动关系纠纷解决途径……………………… 8

学习单元 3　劳动关系纠纷处理与优化内部管理…………… 19

培训任务二　订立劳动合同、劳动合同无效与延误退工纠纷处理

学习单元 1　订立劳动合同纠纷…………………………… 29

学习单元 2　劳动合同无效纠纷…………………………… 39

学习单元 3　延误退工纠纷………………………………… 45

培训任务三　工资支付纠纷处理

学习单元 1　克扣或拖欠工资纠纷………………………… 51

学习单元 2　加班工资纠纷………………………………… 58

学习单元 3　病假工资纠纷………………………………… 66

培训任务四　劳动合同解除纠纷处理

　　学习单元1　试用期解除劳动合同纠纷 …………………………………… 73

　　学习单元2　严重违纪解除劳动合同纠纷 ………………………………… 77

　　学习单元3　医疗期满解除劳动合同纠纷 ………………………………… 82

　　学习单元4　不能胜任工作解除劳动合同纠纷 …………………………… 86

　　学习单元5　客观情况变化解除劳动合同纠纷 …………………………… 90

培训任务五　劳动合同终止纠纷处理

　　学习单元1　劳动合同期满终止纠纷 ……………………………………… 97

　　学习单元2　用人单位主体消灭致劳动合同终止纠纷 …………………… 101

培训任务六　不得解除与续延劳动合同、经济补偿、赔偿金纠纷处理

　　学习单元1　不得解除与续延劳动合同纠纷 ……………………………… 109

　　学习单元2　经济补偿纠纷 ………………………………………………… 114

　　学习单元3　赔偿金纠纷 …………………………………………………… 121

培训任务七　劳动争议仲裁与劳动保障监察

　　学习单元1　劳动争议仲裁 ………………………………………………… 129

　　学习单元2　劳动保障监察 ………………………………………………… 141

　　附录　劳动关系纠纷处理流程 ……………………………………………… 153

培训任务一

劳动关系纠纷概述

2015年3月21日，中共中央、国务院出台的《关于构建和谐劳动关系的意见》提出劳动关系是生产关系的重要组成部分，是基本且重要的社会关系之一。劳动关系是否和谐，事关广大职工和企业的切身利益，事关经济发展与社会和谐。我国正处于经济社会转型时期，劳动关系的主体及其利益诉求越来越多元化，劳动关系纠纷处于凸显期和多发期，有效处理劳动关系纠纷将有利于劳动关系的和谐稳定。因此，把握劳动关系纠纷的本质特征、掌握解决劳动关系纠纷的基本规则和技巧在实践中尤为重要。

学习单元 1

劳动关系纠纷概念与特征

> **法条链接**
>
> 《劳动法》
>
> 第九十四条 用人单位非法招用未满十六周岁的未成年人的,由劳动行政部门责令改正,处以罚款;情节严重的,由市场监督管理部门吊销营业执照。
>
> 《劳动合同法》
>
> 第二条 中华人民共和国境内的企业、个体经济组织、民办非企业单位等组织(以下称用人单位)与劳动者建立劳动关系,订立、履行、变更、解除或者终止劳动合同,适用本法。
>
> 国家机关、事业单位、社会团体和与其建立劳动关系的劳动者,订立、履行、变更、解除或者终止劳动合同,依照本法执行。
>
> 第七十七条 劳动者合法权益受到侵害的,有权要求有关部门依法处理,或者依法申请仲裁、提起诉讼。
>
> 《劳动争议调解仲裁法》
>
> 第二条 中华人民共和国境内的用人单位与劳动者发生的下列劳动争议,适用本法:
>
> (一)因确认劳动关系发生的争议;

> （二）因订立、履行、变更、解除和终止劳动合同发生的争议；
> （三）因除名、辞退和辞职、离职发生的争议；
> （四）因工作时间、休息休假、社会保险、福利、培训以及劳动保护发生的争议；
> （五）因劳动报酬、工伤医疗费、经济补偿或者赔偿金等发生的争议；
> （六）法律、法规规定的其他劳动争议。
>
> **《关于确立劳动关系有关事项的通知》**
> 用人单位招用劳动者未订立书面劳动合同，但同时具备下列情形的，劳动关系成立：
> （一）用人单位和劳动者符合法律、法规规定的主体资格；
> （二）用人单位依法制定的各项劳动规章制度适用于劳动者，劳动者受用人单位的劳动管理，从事用人单位安排的有报酬的劳动；
> （三）劳动者提供的劳动是用人单位业务的组成部分。

劳动关系主体双方在劳动和管理过程中，难免会出现相关劳动权利和义务纠纷，注重把握劳动关系纠纷的概念和特征，将劳动关系纠纷纳入特定的解决机制中，有利于劳动关系纠纷高效平稳处理。

一、劳动关系纠纷的概念

劳动关系纠纷是劳动关系主体双方在劳动关系发生、存续、变更、解除、终止全过程的各个环节中对劳动权利和义务主张不一致所发生的纠纷。劳动关系纠纷的实质需要从以下三个方面把握。

1. 劳动关系的成立要件

劳动关系是劳动力的所有者（劳动者）与劳动力的使用者（用人单位）之间在使用劳动力的过程中产生的社会关系，是受劳动法律法规调整的劳动权利和义务关系。

根据劳动部《关于确立劳动关系有关事项的通知》（劳社部发〔2005〕12号）规定，劳动关系成立必须同时具备下列三个条件。

（1）用人单位和劳动者符合法律法规规定的主体资格。从用人单位的主体资格来看，根据《劳动合同法》《劳动合同法实施条例》规定，用人单位主体主要包括法人及非法人企业、个体经济组织、民办非企业单位、依法取得营业执照或者登记证书的分支机构等组织。另外，国家机关、事业单位、社会团体也可以与劳动者建立劳动关系。

外国企业常驻中国代表机构、外国驻华外交代表机构、联合国系统组织代表机构、外国金融机构常驻代表机构、外国新闻代表机构不能作为劳动法律意义上的用人单位，该类机构需要使用中国劳动者的，必须通过外事服务机构派遣。

从劳动者的主体资格来看，主要为在法定就业年龄段之内的自然人。法定的就业年龄下限为十六周岁。《劳动法》规定，禁止用人单位招用未满十六周岁的未成年人。文艺、体育和特种工艺单位招用未满十六周岁的未成年人，必须遵守国家有关规定，履行审批手续，并保障其接受义务教育的权利。对于法定就业年龄的上限问题，虽然法律没有直接规定，但我国实行的是法定强制退休制度，一旦劳动者达到法定的退休年龄，就应当退出劳动岗位，享受养老待遇。这就意味着其不再以劳动报酬为主要生活来源。《国务院关于工人退休、退职的暂行办法》对劳动者退休年龄进行了规定：①男年满六十周岁，女年满五十周岁，连续工龄满十年的；②从事井下、高空、高温、特别繁重体力劳动或者其他有害身体健康的工作，男年满五十五周岁、女年满四十五周岁，连续工龄满十年的；③男年满五十周岁，女年满四十五周岁，连续工龄满十年，由医院证明，并经劳动鉴定委员会确认，完全丧失劳动能力的。

（2）用人单位依法制定的各项劳动规章制度适用于劳动者，劳动者受用人单位的劳动管理，从事用人单位安排的有报酬的劳动。该要件为劳动关系的核心条件，即劳动者在与用人单位具有从属性的状态下从事劳动。所谓从属性，是指用人单位对劳动者的劳动过程行使劳动管理权，主要体现在以下几个方面。

1）劳动者必须成为用人单位的成员，按用人单位的要求提供劳动。

2）劳动者在劳动过程中必须遵守用人单位的规章制度。劳动者在劳动过程中接受用人单位的指挥、管理。

3）劳动者从事职业性的有偿劳动。职业通常是指个人利用专门的知识和技能服务社会，获取合理报酬，并将这种报酬作为主要生活来源的工作。劳动者只有从事职业性的有偿劳动，才可能构成劳动关系。如果是出于道义为他人提供义务帮助、为社会提供义务劳动或公益服务，那就不属于劳动关系范畴。同时，劳动者从事的职业应当是法律法规允许的社会职业，如果从事的是违反法律法规规定的活动，如贩毒、涉黄、金融诈骗等，则不属于合法的劳动关系范畴。

（3）劳动者提供的劳动是用人单位业务的组成部分。劳动者提供的劳动是单位主营业务不可分割的一部分。有些用人单位将非主营业务进行外包，如保安管理、记账服务等，该类通过外包形式提供的劳动，接受劳务服务单位与劳动者之间不构成劳动关系。

综上所述，并不是所有通过劳动付出获得报酬的情形都构成劳动关系，如家庭雇用保姆、个人承揽单位业务、勤工助学等，虽然也符合付出劳动和给付报酬的特征，但因为不能完全符合上述三个条件，所以并不构成法律意义上的劳动关系。

2. 劳动关系纠纷的主要性质

从纠纷性质来看，纠纷分为权利性纠纷和利益性纠纷。权利性纠纷是指纠纷当事人对现行法律法规等规定及合同约定的权利和义务实施在理解上发生的争议，是以既定权利和义务为标的的争议；利益性纠纷是指当事人在确定新权利和义务或修改既有权利和义务过程中发生的争议。在劳动关系纠纷中，两类纠纷处理方式不同，权利性纠纷的处理以法定监察或裁审程序为主，利益性纠纷的解决以行政协调处理程序为主。根据劳动关系的成立要件，劳动关系主要是指单个劳动者与用人单位之间的个别劳动关系，在此基础上，劳动关系纠纷体现为权利性纠纷，即劳动关系双方当事人对现行法律法规、集体合同、劳动合同所规定的权利和义务实施在理解上发生的争议，以法定或约定的权利和义务为标准，通过劳动保障监察或裁审程序解决。

3. 劳动关系纠纷的主要内容

从劳动关系存续周期来看，劳动关系纠纷主要包括劳动合同订立纠纷、劳动合同变更纠纷、劳动合同解除及终止纠纷。劳动合同订立纠纷主要有书面劳动合同订立纠纷、试用期纠纷等，劳动合同变更纠纷主要有变更员工工作岗位纠纷、客观情况变化纠纷等，劳动合同解除及终止纠纷主要有经济补偿纠纷、退工纠纷等。

从劳动合同履行内容来看，劳动关系纠纷主要包括给付类纠纷和强制性劳动标准执行类纠纷。给付类纠纷主要有工资支付纠纷、工伤医疗及待遇给付纠纷等，强制性劳动标准执行类纠纷主要有年休假纠纷、社会保险纠纷、工作时间纠纷等。

二、劳动关系纠纷的特点

劳动关系纠纷有别于经济、家庭、婚姻等其他关系产生的纠纷，其特征主要体现在以下四个方面。

1. 劳动关系纠纷的双方是劳动者和用人单位

劳动关系纠纷主体具有特定性，是劳动者与用人单位之间发生的纠纷，即一方是符合法定条件的自然人，另一方为具有独立承担民事责任能力的组织机构及特定分支机构。

2. 劳动关系纠纷产生不限于劳动关系存续期间

劳动关系纠纷既可能在劳动关系存续期间因违反法定或约定权利和义务而产生，也可能在劳动关系结束之后因违反合同义务而产生。例如，退工纠纷、经济补偿纠纷、竞业限制纠纷等，均发生在劳动关系结束之后。

3. 劳动关系纠纷具有主观性

劳动关系纠纷建立在劳动关系主体一方主观认为自身权益被侵害的基础上。例如，在解除劳动合同纠纷中，劳动者一方认为单位系违法解除，要求支付经济补偿，而无论该解除行为是否合法，该经济补偿纠纷都在解除事实发生后，因劳动者主观认为权益被侵害而产生。

4. 劳动关系纠纷处理具有波及性

单个劳动关系纠纷处理结果，对用人单位前期已经处理完毕的纠纷、用人单位当前的劳动关系管理和同行业劳动关系管理可能产生示范性影响，个体纠纷有可能转化为群体纠纷。

学习单元 2

劳动关系纠纷解决途径

> **法条链接**
>
> 《劳动法》
>
> 第八十条 在用人单位内,可以设立劳动争议调解委员会。劳动争议调解委员会由职工代表、用人单位代表和工会代表组成。劳动争议调解委员会主任由工会代表担任。
>
> 劳动争议经调解达成协议的,当事人应当履行。
>
> 第八十三条 劳动争议当事人对仲裁裁决不服的,可以自收到仲裁裁决书之日起十五日内向人民法院提起诉讼。一方当事人在法定期限内不起诉又不履行仲裁裁决的,另一方当事人可以申请人民法院强制执行。
>
> 《劳动争议调解仲裁法》
>
> 第五条 发生劳动争议,当事人不愿协商、协商不成或者达成和解协议后不履行的,可以向调解组织申请调解;不愿调解、调解不成或者达成调解协议后不履行的,可以向劳动争议仲裁委员会申请仲裁;对仲裁裁决不服的,除本法另有规定的外,可以向人民法院提起诉讼。
>
> 第九条 用人单位违反国家规定,拖欠或者未足额支付劳动报酬,或者拖欠工伤医疗费、经济补偿或者赔偿金的,劳动者可以向劳动行政部门投诉,劳

动行政部门应当依法处理。

第十四条　经调解达成协议的，应当制作调解协议书。

调解协议书由双方当事人签名或者盖章，经调解员签名并加盖调解组织印章后生效，对双方当事人具有约束力，当事人应当履行。

自劳动争议调解组织收到调解申请之日起十五日内未达成调解协议的，当事人可以依法申请仲裁。

第十五条　达成调解协议后，一方当事人在协议约定期限内不履行调解协议的，另一方当事人可以依法申请仲裁。

第二十九条　劳动争议仲裁委员会收到仲裁申请之日起五日内，认为符合受理条件的，应当受理，并通知申请人；认为不符合受理条件的，应当书面通知申请人不予受理，并说明理由。对劳动争议仲裁委员会不予受理或者逾期未作出决定的，申请人可以就该劳动争议事项向人民法院提起诉讼。

第四十三条　仲裁庭裁决劳动争议案件，应当自劳动争议仲裁委员会受理仲裁申请之日起四十五日内结束。案情复杂需要延期的，经劳动争议仲裁委员会主任批准，可以延期并书面通知当事人，但是延长期限不得超过十五日。逾期未作出仲裁裁决的，当事人可以就该劳动争议事项向人民法院提起诉讼。

仲裁庭裁决劳动争议案件时，其中一部分事实已经清楚，可以就该部分先行裁决。

第四十四条　仲裁庭对追索劳动报酬、工伤医疗费、经济补偿或者赔偿金的案件，根据当事人的申请，可以裁决先予执行，移送人民法院执行。

仲裁庭裁决先予执行的，应当符合下列条件：

（一）当事人之间权利义务关系明确；

（二）不先予执行将严重影响申请人的生活。

劳动者申请先予执行的，可以不提供担保。

第五十条　当事人对本法第四十七条规定以外的其他劳动争议案件的仲裁裁决不服的，可以自收到仲裁裁决书之日起十五日内向人民法院提起诉讼；期满不起诉的，裁决书发生法律效力。

第五十一条　当事人对发生法律效力的调解书、裁决书，应当依照规定的期限履行。一方当事人逾期不履行的，另一方当事人可以依照民事诉讼法的有关规定向人民法院申请执行。受理申请的人民法院应当依法执行。

《劳动人事争议仲裁办案规则》

第七十四条第一款 经调解组织调解达成调解协议的，双方当事人可以自调解协议生效之日起十五日内，共同向有管辖权的仲裁委员会提出仲裁审查申请。

《最高人民法院关于审理劳动争议案件适用法律若干问题的解释（一）》

第三条 劳动争议仲裁委员会根据《劳动法》第八十二条之规定，以当事人的仲裁申请超过六十日期限为由，作出不予受理的书面裁决、决定或者通知，当事人不服，依法向人民法院起诉的，人民法院应当受理；对确已超过仲裁申请期限，又无不可抗力或者其他正当理由的，依法驳回其诉讼请求。

第四条 劳动争议仲裁委员会以申请仲裁的主体不适格为由，作出不予受理的书面裁决、决定或者通知，当事人不服，依法向人民法院起诉的，经审查，确属主体不适格的，裁定不予受理或者驳回起诉。

第十三条 因用人单位作出的开除、除名、辞退、解除劳动合同、减少劳动报酬、计算劳动者工作年限等决定而发生的劳动争议，用人单位负举证责任。

第二十一条 当事人申请人民法院执行劳动争议仲裁机构作出的发生法律效力的裁决书、调解书，被申请人提出证据证明劳动争议仲裁裁决书、调解书有下列情形之一，并经审查核实的，人民法院可以根据《民事诉讼法》第二百一十七条之规定，裁定不予执行：

（一）裁决的事项不属于劳动争议仲裁范围，或者劳动争议仲裁机构无权仲裁的；

（二）适用法律确有错误的；

（三）仲裁员仲裁该案时，有徇私舞弊、枉法裁决行为的；

（四）人民法院认定执行该劳动争议仲裁裁决违背社会公共利益的。

人民法院在不予执行的裁定书中，应当告知当事人在收到裁定书之次日起三十日内，可以就该劳动争议事项向人民法院起诉。

《最高人民法院关于审理劳动争议案件适用法律若干问题的解释（二）》

第三条 劳动者以用人单位的工资欠条为证据直接向人民法院起诉，诉讼请求不涉及劳动关系其他争议的，视为拖欠劳动报酬争议，按照普通民事纠纷受理。

第十七条 当事人在劳动争议调解委员会主持下达成的具有劳动权利义务内容的调解协议，具有劳动合同的约束力，可以作为人民法院裁判的根据。

> 当事人在劳动争议调解委员会主持下仅就劳动报酬争议达成调解协议，用人单位不履行调解协议确定的给付义务，劳动者直接向人民法院起诉的，人民法院可以按照普通民事纠纷受理。

从我国目前相关制度来看，对于劳动关系纠纷可以通过协商、调解、劳动争议仲裁、诉讼解决，也可以通过劳动保障监察进行处理。

一、劳动争议协商

1. 劳动争议协商概述

劳动争议协商是指劳动关系当事人就劳动争议事项通过谈判沟通求得解决的法定程序。发生劳动争议时，劳动者或用人单位可以直接与对方进行协商，劳动者可以要求所在用人单位的工会参与或者协助其与用人单位进行协商。工会也可以主动参与劳动争议的协商处理，维护劳动者合法权益。劳动者或用人单位也可以委托其他组织或者个人作为其代表进行协商。

劳动者与用人单位经协商达成一致，应当签订书面和解协议。和解协议对双方当事人具有约束力，当事人应当履行。当存在以下情形时，视作协商不成。

（1）一方当事人提出协商要求后，另一方当事人不同意协商或者在五日内不作出回应的。

（2）在约定的协商期限内，一方或者双方当事人不同意继续协商的。

（3）在约定的协商期限内未达成一致的。

（4）达成和解协议后，一方或者双方当事人在约定的期限内不履行和解协议的。

当事人协商不成，可以依法向企事业单位劳动争议调解委员会或者街道、乡镇、工业园区设立的调解组织申请调解，也可以依法向劳动争议仲裁委员会申请仲裁。

2. 协商策略

（1）追求共识。协商中，应多以商量的口吻，友好地表达己方的观点和主张。尽管参加协商的人员身份地位、文化程度、思维方式、个性脾气不同，但都有被对方尊重和理解的心理需要。如果能够从对方的地位、年龄、个性等角度出发，善于换位思考，就容易获得对方的认同，最终形成双方能接受的方案。具体来说，协商语言表达要适度，多用礼貌谦让、征求意见的方式，不用命令式的口吻；要避免使用主观色彩浓重的语言，尽量不用"我认为""肯定是"之类的表述；要善于求大同、存小异，不要在协商一开始就讨论双方可能有分歧的问题，尽可能从双方易于达成一致的角度入手，打好互谅互信的基础，逐步接近双方有争议的实质部分。

（2）开诚布公。协商中，坦诚直率容易获得对方的理解和信任，缩短双方之间的距离。要努力做到观点明朗、准确、真实，直截了当地表达自己的观点和意图。当然，坦诚要适度，要把握好分寸，避免因过于直白可能带来的不利因素；要控制好自己的情绪，态度诚恳、以理服人，尽量消除对方的戒备心理，获得对方的理解。

（3）留有余地。协商要懂得留有余地，无论是陈述自己的观点还是驳斥对方的观点，都要留有一定的余地，避免绝对化。应当为自己可能的调整目标留出空间。在某些情形下，要善于后发制人，切忌不顾一切、咄咄逼人。

（4）善于让步。协商达成一致，在很大程度上都是双方妥协让步的结果，很少完全依照一方的意志。让步是指协商双方向对方作出必要的妥协，适度降低自己的要求，以期达成一致的过程。让步应不损害自己最基本的利益、不突破底线，如完全放弃自己的要求则失去了协商的意义。通常，让步体现为以较小的退让换取较大的利益，以局部的退让换取整体的成功。

（5）僵局处理。协商中，由于双方在某些问题上分歧过大且不愿妥协让步，虽有继续协商的愿望，却一时难以进行下去，就会呈现僵持的局面。基于双方仍有继续协商的愿望，打破僵局就成为恢复协商的必要前提。打破僵局的关键是找到形成僵局的原因，俗话说"解铃还须系铃人"，形成僵局的原因不外乎双方不在一个基点上讨论问题，或分歧太大，或沟通发生障碍，或情绪失控，甚至是"做局"。只要找到了原因，对症下药，改变策略，促使双方回到正确的协商轨道上，重建互谅互信的氛围，僵局是可以打破的。

二、劳动争议调解

1. 劳动争议调解的含义

劳动争议调解是指依法设立的调解组织作为第三方，对劳动关系当事人双方进行推进协商，互谅互让，促使双方对纠纷达成一致。不同于协商处理，调解是在调解组织作为第三方的基础上进行的，体现了调解组织居中处理的作用。

2. 劳动争议调解组织

劳动争议调解通常由依法设立的调解组织进行。根据属性的不同，调解组织可以分为企业内部和企业外部两类。在较大的企业内，通常设有劳动争议调解委员会，根据我国《劳动争议调解仲裁法》的规定，企业劳动争议调解委员会由职工代表和企业代表组成。职工代表由工会成员担任或者由全体职工推举产生，企业代表由企业负责人指定，企业劳动争议调解委员会主任由工会成员或者双方推举的人员担任。企业的劳动争议调解委员会只调解本企业内部的劳动争议。在社会基层，有依法设立的人民调解组织；在大部分街道和镇，设有专业劳动争议调解组织，这些调解组织面向社会，受理各类企业和劳动者申请调解的劳动争议案件。

3. 劳动争议调解的程序

（1）申请调解。发生劳动争议时，当事人可以口头或书面形式向调解组织提出调解申请。

（2）受理调解申请。调解组织收到调解申请后，应当及时对调解申请进行审查，在三个工作日内作出是否受理的决定。

（3）开展调解。调解组织根据案情指定调解员或者调解小组进行调解，调解应当自收到调解申请之日起十五日内结束。但是，双方当事人同意延期的可以延长。

经调解达成一致的，由调解委员会制作调解协议书。调解协议书应当写明双方当事人的基本情况、调解请求事项、调解结果、协议履行期限、履行方式等。调解协议书由双方当事人签名或者盖章，经调解员签名并加盖调解组织印章后生效。生效的调解协议对双方当事人具有约束力，当事人应当履行。但调解协议书不具备向人民法院申请强制执行的效力。

（4）申请仲裁。当事人不愿调解、调解不成或者双方在调解组织主持下达成的调解协议不履行的，可以向劳动争议仲裁委员会申请仲裁。

4. 调解协议的效力

（1）合意效力。生效的调解协议是双方当事人达成的合意，对双方当事人具有约束力，当事人应当履行。

（2）具有一定的事实证明力。一方当事人在约定的期限内不履行调解协议的，另一方当事人可以依法申请仲裁。仲裁委员会审查认定调解协议合法有效且不损害公共利益或者第三人合法利益的，在没有新证据出现的情况下，可以依据调解协议作出仲裁裁决。

（3）强制执行效力的转化。因调解协议不具备强制执行效力，故为提高调解协议的履行效率，人力资源社会保障部发布的《劳动人事争议仲裁办案规则》规定，双方当事人可以自调解协议生效之日起十五日内，共同向有管辖权的仲裁委员会提出仲裁审查申请。仲裁委员会经审查认为调解协议的形式和内容合法有效的，应当制作调解书。调解书的内容应当与调解协议的内容相一致。调解书经双方当事人签收后，具备强制执行力，一方不履行调解书确定义务的，另一方可向人民法院申请强制执行。

三、劳动争议仲裁

1. 历史沿革

1949年11月，中华全国总工会为了及时合理地解决当时私营企业中存在的劳资争议，制定了《关于劳资关系暂行处理办法》，对劳动争议的协商、调解、仲裁和法院审判的处理程序作了规定。1950年6月，劳动部发布了《市劳动争议仲裁委员会组织及工作规则》，规定了劳动争议协商、调解、仲裁、诉讼的处理程序，各地区由劳动部门负责聘请总工会、工商行政部门、工商联的代表组成了劳动争议仲裁委员会，担负起劳动争议案件的仲裁工作。同年10月，劳动部又发布了《关于劳动争议解决程序的规定》，该规定处理的劳动争议包括一切国营、公营、私营、公私合营及合作社经营的企业中因雇用、解雇、工资、工时、生活待遇、奖罚、劳动保险、劳动保护，以及因执行劳动纪律、工作规则、劳动合同等发生的劳动争议。1954年，劳动部就国家机关、人民团体、学校、卫生等非企业单位的劳动争议的解决发出指示，上述争议由单位和上级主管行政部门处理；无法解决时，可直接向人民法院起诉处理。这两项规章和有关规定的贯彻、落实，使我国的劳动争议处理制度初步建立。后来，由于计划经济体制的建立，劳动部于1955年7月以后便陆续撤销了劳动争议处理机构，包括劳动部的劳动争议调处司，各地劳动局设立的调解处、科，以及在城市设立的劳动仲裁委员会。《关于劳动争议解决程序的规定》等规章也自行停止实行，人民法院也不再受理劳动争议案件。此后，劳动争议处理按照归口交办的原则，由信访部门承担。

随着我国经济体制改革和劳动制度改革的发展，劳动争议仲裁制度于1986年得以恢复。1986年7月，《国务院关于发布改革劳动制度四个规定的通知》中提出，要加强劳动人事部门的组织建设，相应地建立劳动争议仲裁机构。1987年7月31日，国务院发布了《国营企业劳动争议处理暂行规定》，提出县、市、市辖区应当设立仲裁委员会，负责处理本地区发生的劳动争议。同年10月，在党的十三大报告中，又正式提出要"建立劳动仲裁制度"。1993年7月6日，国务院发布《企业劳动争议处理条例》，确立了劳动争议案件调解、仲裁、诉讼的处理程序。1995年1月1日，《劳动法》正式实施，从法律层面确立了劳动仲裁制度，标志着我国劳动争议处理制度进入了一个新的发展时期。2008年5月1日，《劳动争议调解仲裁法》实施，该法在坚持劳动法基本原则的基础上，总结现行劳动争议处理制度实施经验，对劳动争议处理制度做了进一步完善，在时效、审限、一裁终局、调解程序、举证责任分配、仲裁费用等方面进行了特别设计，强化调解、完善仲裁、加强司法救济，进一步完善劳动争议调解仲裁制度，为当事人特别是劳动者提供高效公正的法律救济。

2. 基本制度

目前，我国对劳动争议处理实行"先裁后审"制度。劳动争议案件应当先经过劳动争议仲裁程序，当事人对仲裁裁决不服才能向人民法院起诉，而不能不经仲裁程序直接向人民法院起诉。《劳动争议调解仲裁法》规定："发生劳动争议，当事人不愿协商、协商不成或者达成和解协议后不履行的，可以向调解组织申请调解；不愿调解、调解不成或者达成调解协议后不履行的，可以向劳动争议仲裁委员会申请仲裁；对仲裁裁决不服的，除本法另有规定的外，可以向人民法院提起诉讼。"因此，劳动争议仲裁是劳动争议诉讼的前置程序，也是必经程序。

另外，为使一些小额简易案件能够得到快速处理，避免因处理程序过长导致当事人合法权益不能得到及时维护，《劳动争议调解仲裁法》新设了"一裁终局"制度，对追索劳动报酬、工伤医疗费、经济补偿或者赔偿金，不超过当地月最低工资标准十二个月金额的争议，以及因执行国家的劳动标准在工作时间、休息休假、社会保险等方面发生的争议，裁决书自作出之日起发生法律效力。对于该类裁决，针对劳动者和用人单位设计了不同的司法救济程序。

3. 劳动争议仲裁程序概述

（1）劳动争议仲裁申请与受理的特殊性。仲裁作为一种争议解决机制，从我国制度设计来看，主要分为两种：一是民商事仲裁制度，即民商事仲裁机构根据双方约定，对平等主体的公民、法人和其他组织之间发生的合同纠纷和其他财产权益纠纷进行公断裁决的法律制度；二是劳动争议仲裁制度，即劳动争议仲裁机构根据当事人的申请，对劳动争议事实进行认定，对劳动权利和义务作出裁断的法律制度。

与民商事仲裁制度比较，劳动争议仲裁制度申请和受理具有以下特点。

一是受理范围的特定性。劳动争议仲裁只受理法律法规明确规定的劳动关系纠纷案件。民商事仲裁受理的是平等主体之间的合同纠纷和其他财产权益争议。

二是管辖方式的法定性。劳动争议仲裁机构按照行政级别和区域划分分工负责处理劳动争议，劳动争议主体双方不得约定劳动争议管辖机构。民商事仲裁机构根据当事人之间的约定进行管辖，当事人可选择管辖的仲裁机构。

三是程序启动的单方性。劳动争议仲裁程序的启动，基于一方申请即可强制启动，不需要另一方同意或事先约定。民商事仲裁程序的启动基于双方约定，一方不得在没有约定或未得到另一方同意的情况下单方启动。

（2）劳动争议仲裁案件处理。劳动争议仲裁机构受理劳动关系纠纷案件经审理后，对案件的处理方式主要有三种：一是经仲裁机构调解后，达成调解协议，由仲裁庭制作调解书，该调解书载明仲裁请求和当事人协议的结果，自双方当事人签收后，发生法律效力，具有强制执行力；二是双方自行达成和解，撤回仲裁申请；三是调解不成，经仲裁庭审理后，作出仲裁裁决。

四、劳动争议诉讼

1. 基本制度

对于劳动争议仲裁裁决，当事人不服的，可以自收到裁决书之日起十五日内向人民法院提起诉讼（一裁终局仲裁案件适用特殊规定）。人民法院对劳动争议案件按照民事诉讼程序进行审理，实行二审终审制。

2. 裁审及执行衔接的特别制度

（1）劳动争议仲裁与诉讼衔接的特别制度

1）以先裁后审为原则，以直接诉讼为例外。当事人在收到仲裁机构作出的裁决、决定或通知书后不服的，自收到上述文书之日起十五日内向人民法院提起诉讼，人民法院予以受理。根据最高人民法院相关司法解释，存在以下情形的可以直接向法院起诉。

①劳动者以用人单位的工资欠条为证据直接向人民法院起诉，该诉讼请求不涉及劳动关系其他争议的，人民法院将其视为拖欠劳动报酬争议，按照普通民事纠纷受理。

②当事人在劳动争议调解委员会主持下仅就劳动报酬争议达成调解协议，用人单位不履行调解协议确定的给付义务，劳动者直接向人民法院起诉的，人民法院可以按照普通民事纠纷受理。

2）不符合仲裁受理条件的裁审衔接处理制度。劳动关系一方当事人向劳动争议仲裁机构申请仲裁，经审查认为不符合受理条件的，仲裁机构应当书面通知申请人不予受理，并说明理由。对劳动争议仲裁委员会不予受理或者逾期未作出决定的，申请人可以就该劳动争议事项直接向人民法院提起诉讼。

3）超过劳动仲裁办案时限的裁审衔接处理。仲裁庭裁决劳动争议案件，应当自劳动争议仲裁委员会受理仲裁申请之日起四十五日内结束。案情复杂需要延期的，经劳动争议仲裁委员会主任批准，可以延期并书面通知当事人，但是延长期限不得超过十五日。逾期未作出仲裁裁决的，当事人可以就该劳动争议事项向人民法院提起诉讼。

（2）劳动争议仲裁裁决书、调解书与强制执行衔接制度

1）强制执行申请及先予执行。对依法生效的仲裁机构的裁决书、调解书，当事人必须执行。一方在规定期限内拒绝履行的，对方当事人可以向被执行人住所地或者被执行财产所在地的人民法院申请执行。另外，由于劳动关系纠纷案件中有一大部分是工资、工伤医疗费纠纷，而这类案件需要仲裁机构从速解决，以使劳动者因工伤或患病急需的医疗费、被拖欠的工资能得到尽快给付，以解劳动者的燃眉之急，所以《劳动争议调解仲裁法》规定了特殊的执行程序，即先予执行制度，仲裁庭对追索劳动报酬、工伤医疗费、经济补偿或者赔偿金的案件，根据当事人的申请，对于当事人之间权利和义务关系明确且不先予执行将严重影响申请人生活的，可以裁决先予执行，移送人民法院执行。

2）不予执行。当事人申请人民法院执行劳动争议仲裁机构作出的发生法律效力的裁决书、调解书，被申请人提出证据证明劳动争议仲裁裁决书、调解书存在以下情形的，人民法院可以裁定不予执行：裁决的事项不属于劳动争议仲裁范围或者劳动争议仲裁机构无权仲裁的；适用法律确有错误的；仲裁员仲裁该案时，有徇私舞弊、枉法裁决行为的；人民法院认定执行该劳动争议仲裁裁决违背社会公共利益的。

五、劳动保障监察

1. 概述

劳动保障监察是指劳动行政部门依法对用人单位遵守劳动法律法规的情况进行监督检查，对用人单位违反劳动法律法规的行为依法处置的具体行政行为。劳动保障监察属于行政执法性质，对违法行为进行监督、监察、纠正和处理。

同时，劳动保障监察机构也承担了法定范围内的纠纷处理职能。《劳动合同法》规定，劳动者合法权益受到侵害的，有权要求有关部门依法处理，或者依法申请仲裁、提起诉讼。《劳动争议调解仲裁法》规定："用人单位违反国家规定，拖欠或者未足额支付劳动报酬，或者拖欠工伤医疗费、经济补偿或者赔偿金的，劳动者可以向劳动行政部门投诉，劳动行政部门应当依法处理。"结合上述规定，劳动保障监察机构对劳动报酬支付、工伤医疗费支付、劳动合同解除和终止引发的经济补偿或者赔偿金支付等纠纷，应依职权在查清事实、确定法律适用的基础上进行处理。

2. 劳动保障监察和劳动仲裁在处理劳动关系纠纷中的关系辨析

根据法律法规规定，劳动保障监察和劳动争议调解仲裁都具有处理劳动关系纠纷

的法定职能，在实际操作中应注意把握两种纠纷处理方式的关系。

（1）受案范围具有一定的重合性。劳动保障监察对拖欠或者未足额支付劳动报酬，或者拖欠工伤医疗费、经济补偿或者赔偿金的纠纷具有处理权限。同时，劳动仲裁的案件受理范围也包含上述纠纷，两者在受理范围上存在一定程度的重合。

（2）当事人对纠纷处理方式具有选择权。因受案范围存在重合，当事人对劳动关系纠纷处理方式具有选择权，既可向劳动保障监察部门投诉，也可向劳动争议仲裁机构提出仲裁申请。

（3）不重复处理。为了避免监察和仲裁机构处理同一案件的情形，对同一案件遵循"不重复处理"原则。对于劳动者向劳动行政部门投诉，且已经依法进入劳动保障监察程序，劳动者就相同事项又向劳动争议仲裁机构提出处理申请的，劳动争议仲裁机构可以不做重复处理。对应当通过争议处理程序解决的事项或者已经按照劳动争议处理程序申请调解、仲裁或者已经提起诉讼的事项，劳动行政部门也不做重复处理。

（4）不同的救济途径。劳动争议当事人不服仲裁裁决，可以按照有关规定，向人民法院提起民事诉讼；行政相对人不服劳动保障监察行政处理或行政处罚决定，可按规定申请行政复议或提起行政诉讼。

3. 劳动保障监察处理劳动关系纠纷的主要程序

（1）劳动保障监察程序的启动。劳动保障监察程序的启动方式主要有三种，即接受举报、接受投诉和依职权启动。举报是指任何组织或个人向劳动行政部门检举某企业存在违反劳动保障法律情形；投诉是指劳动者本人就用人单位违反劳动保障法律、侵犯其劳动保障合法权益的行为向劳动行政部门申诉的行为；依职权启动是指劳动行政部门按制度化要求或有计划、有针对性地主动开展劳动执法行为，就检查中发现的违反劳动保障法律的行为启动监察程序。其中，投诉是启动劳动保障监察进行纠纷处理的主要方式。

（2）劳动保障监察的处理。劳动保障监察机构对劳动关系纠纷的处理结果，在形式上主要有三种：一是对情节轻微且已改正的，撤销立案；二是对应当改正而未改正的，依法责令改正或者作出相应的行政处理决定；三是对应当受到行政处罚的，依法作出行政处罚决定。

劳动保障监察机构对违反劳动保障法律、行政法规或者规章的行为作出行政处罚或者行政处理决定，用人单位不服的，可以依法申请行政复议或直接提起行政诉讼。

劳动保障监察机构作出的行政处罚或行政处理决定生效后，当事人拒不履行的，劳动保障监察机构可以向人民法院申请强制执行。

学习单元 3

劳动关系纠纷处理与优化内部管理

法条链接

《劳动合同法》

第四条　用人单位应当依法建立和完善劳动规章制度，保障劳动者享有劳动权利、履行劳动义务。

用人单位在制定、修改或者决定有关劳动报酬、工作时间、休息休假、劳动安全卫生、保险福利、职工培训、劳动纪律以及劳动定额管理等直接涉及劳动者切身利益的规章制度或者重大事项时，应当经职工代表大会或者全体职工讨论，提出方案和意见，与工会或者职工代表平等协商确定。

在规章制度和重大事项决定实施过程中，工会或者职工认为不适当的，有权向用人单位提出，通过协商予以修改完善。

用人单位应当将直接涉及劳动者切身利益的规章制度和重大事项决定公示，或者告知劳动者。

第五十一条　企业职工一方与用人单位通过平等协商，可以就劳动报酬、工作时间、休息休假、劳动安全卫生、保险福利等事项订立集体合同。集体合同草案应当提交职工代表大会或者全体职工讨论通过。

> **《劳动争议调解仲裁法》**
>
> 第五条 发生劳动争议，当事人不愿协商、协商不成或者达成和解协议后不履行的，可以向调解组织申请调解；不愿调解、调解不成或者达成调解协议后不履行的，可以向劳动争议仲裁委员会申请仲裁；对仲裁裁决不服的，除本法另有规定的外，可以向人民法院提起诉讼。
>
> 第六条 发生劳动争议，当事人对自己提出的主张，有责任提供证据。与争议事项有关的证据属于用人单位掌握管理的，用人单位应当提供；用人单位不提供的，应当承担不利后果。
>
> **《最高人民法院关于审理劳动争议案件适用法律若干问题的解释（一）》**
>
> 第十三条 因用人单位作出的开除、除名、辞退、解除劳动合同、减少劳动报酬、计算劳动者工作年限等决定而发生的劳动争议，用人单位负举证责任。

发生劳动关系纠纷是难以避免的。一旦发生劳动关系纠纷，无论是通过仲裁、司法还是劳动保障监察途径解决，用人单位和劳动者都要付出相应的时间及经济成本。因此，在用人单位内部层面，应当通过优化内部管理预防发生劳动关系纠纷，同时也应当掌握一定的劳动关系纠纷处理能力和技巧，将劳动关系纠纷化解在用人单位内部。

一、劳动关系纠纷处理

用人单位内部在处理劳动关系纠纷时，要注意把握好处理依据、证据搜集并遵循必要的处理原则。

1. 处理依据

劳动关系纠纷基于当事人对劳动关系过程中的权利和义务理解不一而产生，而权利和义务来源于劳动法律法规规定、用人单位规章制度和集体合同规定，以及用人单位与劳动者的劳动合同和单项协议约定。因此，处理劳动关系纠纷应紧紧围绕这三类权利和义务依据。

（1）劳动法律法规规定。国家的劳动法律法规和地方性法规是用人单位和劳动者双方主体必须执行的强制性规定。劳动关系当事人之间的协议（包括劳动合同、集体合同及其他单项协议）、用人单位的规章制度均不得违反法律法规的强制性规定，如果违反则无效。这类规定主要包括以下三类内容。

1）劳动标准。劳动标准即劳动法律法规规定的劳动者在劳动过程中的最低劳动条件。劳动标准主要有：工作时间（包括加班时间、休息时间）、最低工资（包括加班工资）、最低就业年龄、劳动保护（包括安全生产、女职工保护、未成年人保护）、经济补偿等。

2）社会保险。我国《劳动法》和《社会保险法》规定了五项强制性的社会保险：基本养老保险、基本医疗保险、失业保险、工伤保险、生育保险。用人单位和劳动者建立劳动关系必须按照国家和地方的规定参加社会保险，社会保险制度直接调整劳动关系当事人与国家制度之间的权利和义务关系，因此具有强制性。

3）其他强制性规定。除劳动标准和社会保险外，我国《劳动法》和《劳动合同法》对劳动合同的签订、履行、变更、解除、终止等方面作了明确规定，如关于必须签订无固定期限劳动合同的规定，关于双方协商一致变更劳动合同的规定，关于可以解除和不得解除劳动合同的规定等。

（2）用人单位规章制度和集体合同规定

1）企业规章制度。企业规章制度又称为劳动规则、工作规则。《劳动法》第四条规定："用人单位应当依法建立和完善规章制度，保障劳动者享有劳动权利和履行劳动义务。"在实践中，用人单位的规章制度会涉及劳动者劳动过程中的多个方面，如劳动纪律、安全生产、劳动报酬、休息休假、商业秘密等。用人单位规章制度的实施，对劳动关系双方的权利和义务起着重要的调整作用。

《劳动合同法》规定，用人单位在制定、修改或者决定有关劳动报酬、工作时间、休息休假、劳动安全卫生、保险福利、职工培训、劳动纪律、劳动定额管理等直接涉及劳动者切身利益的规章制度或者重大事项时，应当经职工代表大会或者全体职工讨论，提出方案和意见，与工会或者职工代表平等协商确定。用人单位应当将直接涉及劳动者切身利益的规章制度和重大事项决定公示，或者告知劳动者。根据上述规定，合法有效的规章制度应当具备以下条件：①依法通过企业内部民主程序制定；②在企业内向劳动者公布；③内容与劳动法律规定不相抵触。

2）集体合同。集体合同是企业内职工一方（通常由工会代表）与企业经营管理方通过平等协商签订的合同。其内容包括劳动报酬、工作时间、休息休假、劳动安全卫生、保险福利等事项。集体合同可以是综合性的，也可以是单项的，如针对劳动安全卫生、女职工保护、工资调整机制签订的专项集体合同。生效的集体合同对企业方和全体职工具有约束力。

集体合同并不是订立即生效，按照《劳动合同法》和《上海市职工代表大会条例》规定，集体合同、工资等专项集体合同草案应当向职工代表大会报告，并由职工代表大会审议通过，集体合同订立后，应当报送劳动行政部门，劳动行政部门从订立主体、文本内容、协商程序等方面对集体合同进行合法性审查，劳动行政部门自收到集体合同文本之日起十五日内未提出异议的，集体合同即行生效。集体合同的生效需具备以下条件：一是集体合同草案经职工代表大会审议通过；二是集体合同订立后报送劳动行政部门，十五日内劳动行政部门未提出异议。

（3）用人单位与劳动者的劳动合同和单项协议约定。劳动合同和单项协议是用人单位与单个劳动者协商订立的合同，用以明确双方的各项权利和义务，对用人单位和该劳动者具有约束力。《劳动合同法》规定："建立劳动关系，应当订立书面劳动合同。"同时，《劳动合同法》还规定了订立劳动合同应当遵循的原则，即合法、公平、平等自愿、协商一致、诚实信用。劳动合同内容涵盖了双方劳动关系形成、存续、消亡的各个方面，有效的劳动合同是处理劳动关系纠纷的重要依据。单项协议是指用人单位与特定劳动者之间就特定权利和义务内容订立的相关协议。例如，《劳动合同法》规定，用人单位为劳动者提供专项培训费用，对其进行专业技术培训的，可以与该劳动者订立协议，约定服务期。对负有保密义务的劳动者，用人单位可以在劳动合同或者保密协议中与劳动者约定竞业限制条款。因此，用人单位可以与劳动者就服务期、竞业限制、保密等相关事项签订单项协议，这类单项协议作为劳动合同的一部分，同样成为确定劳动关系双方权利和义务的依据。

2. 证据

（1）证据的概念。民事证据是指证明民事案件事实的各种资料，包括物证、书证、视听资料、证人证言、当事人陈述、鉴定意见、勘验笔录、电子数据等。处理劳动关系纠纷时，要通过确认事实，做到准确判断是非，得出正确结论，这些都需要证据的支撑，并且后期对劳动关系纠纷进行劳动仲裁、诉讼时，用人单位作出处理决定所依据的事实是否充分可信，皆取决于证据。

（2）证据的特点

1）真实性。真实性是指证据必须是客观真实存在的事实，而不是想象的、虚构的、捏造的。

2）合法性。合法性是指证据必须符合法律的要求，不为法律所禁止。合法性不仅指证据必须按照法定程序收集和提供，还必须符合法律规定条件。概括起来，合法性包括以下三方面内容：一是搜集证据方式的合法性；二是证据形式的合法性；三是证据材料转化为证据的合法性，如需经质证程序等。

3）关联性。关联性是指证据与证明对象之间具有某种内在联系。证据材料最终被采信为证据要经过两个阶段。首先，必须看证据材料与所证事实是否具有关联性，没有关联性的证据材料不能采用为证据。其次，对于有关联性的证据材料，还应就其关联性的程度加以评价。

根据《最高人民法院关于民事诉讼证据的若干规定》，质证时当事人应当围绕证据的真实性、合法性、关联性，针对证据证明力有无以及证明力大小，进行质疑、说明与辩驳，符合三个特征的证据才能被仲裁机构和人民法院采纳。

（3）举证责任。举证责任是指当事人对自己提出的主张有收集或提供证据的义务，并运用该证据证明主张的事实成立，否则将承担其主张不能成立的法律责任。劳动争议仲裁机构和人民法院处理劳动争议案件所采用的举证责任分配规则，也是用人单位内部处理劳动关系纠纷时应当遵循的规则。

1）谁主张谁负举证责任。"谁主张谁举证"是举证责任分配的一般规则。我国《民事诉讼法》第六十四条规定："当事人对自己提出的主张，有责任提供证据。"《劳动争议调解仲裁法》第六条规定："发生劳动争议，当事人对自己提出的主张，有责任提供证据。与争议事项有关的证据属于用人单位掌握管理的，用人单位应当提供；用人单位不提供的，应当承担不利后果。"

根据谁主张谁举证规则，单位内部处理劳动关系纠纷时，一般情况下，劳动关系双方都应当对自己主张的事实提供相应的证据予以证明，如对不胜任工作的员工进行调岗发生的纠纷中，单位有责任提供证明员工不胜任工作的事实证据；在劳动者主张病假工资的纠纷中，劳动者有责任提供证明其存在患病需要休息的事实证据等。

2）用人单位专属举证责任。在一般举证责任的基础上，基于用人单位处于管理者的地位，掌握着大量可用作证据的人力资源管理信息和资料，法律又对部分纠纷的举证责任作了特别规定。《劳动争议调解仲裁法》规定："与争议事项有关的证据属于用人单位掌握管理的，用人单位应当提供；用人单位不提供的，应当承担不利后果。"用人单位专属举证规则的执行，意味着在劳动争议中只要与证据相关的材料属于用人单位掌握管理的，单位即为证据持有人，不论是哪一方主张的事实，单位都负有举证责任。例如，在劳动者主张加班费的纠纷中，按照"谁主张谁举证"的规则，劳动者应当就加班事实的存在承担举证责任；按照"专属举证"规则，劳动者有证据证明用人单位掌握加班事实存在的证据，则用人单位负有举证责任，用人单位不提供的，要承担不利后果。

此外，专属举证责任还体现在一些特定事项上，如《最高人民法院关于审理劳动争议案件适用法律若干问题的解释（一）》规定："因用人单位作出的开除、除名、辞退、解除劳动合同、减少劳动报酬、计算劳动者工作年限等决定而发生的劳动争议，用人单位负举证责任。"上述司法解释所列举的争议事项，起因都是用人单位作出的某种决定，单位在作出这些决定时，一般都形成和掌握着相关的材料，而劳动者一般不掌握，因此规定这些事项的举证责任归用人单位。

3. 处理原则

企业内部处理劳动关系纠纷虽然不属于仲裁和司法性质，但仍然应当遵循一定的原则，以提高处理效能。

（1）以事实为依据，以法律为准绳。"以事实为依据"是指处理劳动关系纠纷首先要确定事实，双方所主张的事实都必须有充分的证据加以证明，不能模棱两可，更不能捏造事实；其次要以事实为依据，不能凭空决断。"以法律为准绳"是指对是非的判断要以有效的法律法规、单位的规章制度、集体合同、劳动合同、社会公序良俗等为准绳，做到任何处理结果都有规可依。

（2）实事求是，公平公正公开。"实事求是"是指处理劳动关系纠纷时，要根据不同情况区别对待。例如，在处理因处分违纪员工而发生的纠纷时，就要注意区分员工的违纪过错是故意还是过失，用人单位对员工的处分是否恰如其分。如果不加以区分，处理过重就难以获得员工的认同。"公平公正公开"是处理任何纠纷所应当遵循的原则。公平是指不偏袒任何一方；公正是指主持公道正义；公开是指在不侵犯双方秘密和隐私的前提下尽量公开处理，不搞暗箱操作。

二、优化内部管理

为了避免和减少不必要的劳动关系纠纷，用人单位应当注重优化内部的人力资源管理，正确处理与员工之间的关系，积极防范劳动关系纠纷的风险。这里主要介绍处理违纪员工时的注意事项。

1. 及时处理

对于员工的违纪行为，无论情节轻重，都应当及时处理，避免久拖不决。等到时过境迁，或错误严重时再追溯处理，将使员工认为用人单位已经不予追究，更会因证据缺失而失去处理依据，若强行处理势必引发劳动争议。进入劳动仲裁或诉讼后，用人单位仍将因"举证不能"而承担败诉的风险。

2. 证据充分

根据前述证据规则，在因处分违纪员工而发生的劳动争议中，用人单位必须承担专属举证责任。因此，处理违纪员工时收集和保全证据至关重要。需要收集和保全的主要是能够证明员工违纪事实的证据，主要包括：①违纪员工的检讨书或违纪情况说明；②违纪员工本人签字的书面材料；③各类旁证；④有关物证；⑤政府有关部门的书面处理材料等。其中，违纪员工本人签字的书面材料证据力最强。

3. 程序规范

企业处理违纪员工时，应当注意遵循一定的程序，一些必要的环节不能缺失。通常应按照以下程序进行：首先，对员工违纪事实应予以查实认定，并取得充分的证据加以证明；其次，以有效规章制度的相应条款作为依据，确定违纪的性质和程度；再次，在基本定性后，应当听取员工本人的申辩；最后，作出处理决定并及时将处理决定告知员工。

一些重大的处理决定（如解除劳动合同）作出后，还要通知企业工会，工会有意见的，应当研究并答复。

4. 教育为主，惩罚为辅

处理违纪员工的目的主要在于教育，既给予警示，又指出方向，使员工认识错误，改正错误，提高遵章守纪的意识，而不能为处罚而处罚，激化矛盾，造成员工与企业的对立。因此，在处理违纪员工时，应本着"教育为主，惩罚为辅"的精神，晓之以理、动之以情，使被处分员工心悦诚服、及时改正。

5. 处理力度合法适当

员工违纪情节有轻有重，原因有故意也有过失，应当区别不同情况作出适当的处理。首先必须合法，法律法规对某些处罚限度有规定的，必须遵守。例如，劳动部《工资支付暂行规定》中规定："因劳动者本人原因给用人单位造成经济损失的，用人单位可按照劳动合同的约定要求其赔偿经济损失。经济损失的赔偿，可从劳动者本人的工资中扣除。但每月扣除的部分不得超过劳动者当月工资的20%。若扣除后的剩余工资部分低于当地月最低工资标准，则按最低工资标准支付。"如果要扣除员工工资赔偿损失的，就不能违反这条规定。其次是适度，处罚的种类从警告、调岗、降职到解除劳动合同，力度不同后果也不同。应当针对不同违纪情形给予相应的处分，而不应不分情由一概给予最重的处罚。

培训任务二

订立劳动合同、劳动合同无效与延误退工纠纷处理

根据我国劳动法规定，劳动关系的建立应当订立书面劳动合同，也就是说订立书面劳动合同是劳动关系双方都应当遵守的规则。实践中，由于未订立书面劳动合同或未依法订立劳动合同而产生的纠纷时有出现。退工，即劳动关系结束后用人单位为劳动者办理档案和社会保险关系转移等相关手续。实践中，也会因用人单位怠于办理退工手续而引发争议。本章主要介绍订立劳动合同纠纷、劳动合同无效纠纷和延误退工纠纷。

学习单元 1

订立劳动合同纠纷

法条链接

《劳动合同法》

第三条 订立劳动合同,应当遵循合法、公平、平等自愿、协商一致、诚实信用的原则。

依法订立的劳动合同具有约束力,用人单位与劳动者应当履行劳动合同约定的义务。

第七条 用人单位自用工之日起即与劳动者建立劳动关系。用人单位应当建立职工名册备查。

第十条 建立劳动关系,应当订立书面劳动合同。

已建立劳动关系,未同时订立书面劳动合同的,应当自用工之日起一个月内订立书面劳动合同。

用人单位与劳动者在用工前订立劳动合同的,劳动关系自用工之日起建立。

第十二条 劳动合同分为固定期限劳动合同、无固定期限劳动合同和以完成一定工作任务为期限的劳动合同。

第十三条 固定期限劳动合同,是指用人单位与劳动者约定合同终止时间的劳动合同。

用人单位与劳动者协商一致，可以订立固定期限劳动合同。

第十四条　无固定期限劳动合同，是指用人单位与劳动者约定无确定终止时间的劳动合同。

用人单位与劳动者协商一致，可以订立无固定期限劳动合同。有下列情形之一，劳动者提出或者同意续订、订立劳动合同的，除劳动者提出订立固定期限劳动合同外，应当订立无固定期限劳动合同：

（一）劳动者在该用人单位连续工作满十年的；

（二）用人单位初次实行劳动合同制度或者国有企业改制重新订立劳动合同时，劳动者在该用人单位连续工作满十年且距法定退休年龄不足十年的；

（三）连续订立二次固定期限劳动合同，且劳动者没有本法第三十九条和第四十条第一项、第二项规定的情形，续订劳动合同的。

用人单位自用工之日起满一年不与劳动者订立书面劳动合同的，视为用人单位与劳动者已订立无固定期限劳动合同。

第十五条　以完成一定工作任务为期限的劳动合同，是指用人单位与劳动者约定以某项工作的完成为合同期限的劳动合同。

用人单位与劳动者协商一致，可以订立以完成一定工作任务为期限的劳动合同。

第十九条　劳动合同期限三个月以上不满一年的，试用期不得超过一个月；劳动合同期限一年以上不满三年的，试用期不得超过二个月；三年以上固定期限和无固定期限的劳动合同，试用期不得超过六个月。

同一用人单位与同一劳动者只能约定一次试用期。

以完成一定工作任务为期限的劳动合同或者劳动合同期限不满三个月的，不得约定试用期。

试用期包含在劳动合同期限内。劳动合同仅约定试用期的，试用期不成立，该期限为劳动合同期限。

第二十条　劳动者在试用期的工资不得低于本单位相同岗位最低档工资或者劳动合同约定工资的百分之八十，并不得低于用人单位所在地的最低工资标准。

第八十二条　用人单位自用工之日起超过一个月不满一年未与劳动者订立书面劳动合同的，应当向劳动者每月支付二倍的工资。

用人单位违反本法规定不与劳动者订立无固定期限劳动合同的，自应当订立无固定期限劳动合同之日起向劳动者每月支付二倍的工资。

第八十三条 用人单位违反本法规定与劳动者约定试用期的，由劳动行政部门责令改正；违法约定的试用期已经履行的，由用人单位以劳动者试用期满月工资为标准，按已经履行的超过法定试用期的期间向劳动者支付赔偿金。

《劳动合同法实施条例》

第六条 用人单位自用工之日起超过一个月不满一年未与劳动者订立书面劳动合同的，应当依照劳动合同法第八十二条的规定向劳动者每月支付两倍的工资，并与劳动者补订书面劳动合同；劳动者不与用人单位订立书面劳动合同的，用人单位应当书面通知劳动者终止劳动关系，并依照劳动合同法第四十七条的规定支付经济补偿。

前款规定的用人单位向劳动者每月支付两倍工资的起算时间为用工之日起满一个月的次日，截止时间为补订书面劳动合同的前一日。

第七条 用人单位自用工之日起满一年未与劳动者订立书面劳动合同的，自用工之日起满一个月的次日至满一年的前一日应当依照劳动合同法第八十二条的规定向劳动者每月支付两倍的工资，并视为自用工之日起满一年的当日已经与劳动者订立无固定期限劳动合同，应当立即与劳动者补订书面劳动合同。

订立劳动合同是指用人单位和劳动者经过相互选择和平等协商，就劳动合同条款达成协议，从而确立劳动关系和明确双方权利和义务的法律行为。实践中，很多争议的发生缘于双方当事人已确立了劳动权利和义务关系而实际未订立书面劳动合同或者劳动合同的约定存在违反强制性规定的情况。

一、相关法律规定解读

1. 劳动合同的订立

订立劳动合同是建立劳动关系的标志之一。《劳动合同法》第十条规定："建立劳动关系，应当订立书面劳动合同。"因此，劳动合同的法定形式是书面合同。订立劳动合同应当遵循合法、公平、平等自愿、协商一致、诚实信用的原则。书面劳动合同记载着用人单位与劳动者协商一致确定的权利和义务内容，是劳动关系的重要书面证明，也是当事人履行权利和义务的主要依据。当劳动争议发生时，书面劳动合同也是极为重要的证明材料，是争议裁判的主要依据。

订立书面劳动合同是劳动关系当事人的法定义务。《劳动合同法》规定的订立书面劳动合同的具体规则是：对于已建立劳动关系，未同时订立书面劳动合同的，应当自用工之日起一个月内订立书面劳动合同。如果用人单位与劳动者在用工前订立劳动合同的，劳动关系自用工之日起建立。《劳动合同法》对于用人单位不与劳动者订立书面劳动合同的行为明确了法律后果：用人单位自用工之日起超过一个月不满一年未与劳动者订立书面劳动合同的，应当向劳动者每月支付二倍的工资；用人单位自用工之日起满一年不与劳动者订立书面劳动合同的，视为用人单位与劳动者已订立无固定期限劳动合同。《劳动合同法实施条例》对劳动者不与用人单位订立书面劳动合同的行为明确了处理方式："劳动者不与用人单位订立书面劳动合同的，用人单位应当书面通知劳动者终止劳动关系。"

劳动合同的订立，应当遵循诚实信用原则。劳动者已经实际为用人单位工作，用人单位超过一个月未与劳动者订立书面劳动合同的，是否需要支付劳动者二倍工资，还应当考虑用人单位是否履行诚实磋商的义务，以及是否存在劳动者拒绝签订等情况。如用人单位已尽到诚实磋商的义务，因不可抗力、意外情况或者劳动者拒绝签订等原因，造成未签订劳动合同的，不属于《劳动合同法实施条例》第六条所称的用人单位未与劳动者订立书面劳动合同的情况，用人单位不需要承担支付二倍工资的法律责任。

实践中，考虑到在一些情况下，如用人单位成批量招用劳动者时，要求用人单位必须在建立劳动关系的同时订立书面劳动合同难以做到，法律对于订立书面劳动合同给予双方当事人一个月的"宽限期"。

2. 劳动合同的期限

劳动合同期限是当事人约定的对于未来劳动关系预期的存续时间。根据《劳动合同法》的规定，劳动合同的期限分为固定期限、无固定期限、以完成一定工作任务为期限。

固定期限劳动合同是指用人单位与劳动者约定合同终止时间的劳动合同。无固定期限劳动合同是指用人单位与劳动者约定无确定终止时间的劳动合同。以完成一定工作任务为期限的劳动合同，是指用人单位与劳动者约定以完成某项工作为合同终止时间的劳动合同。

《劳动合同法》规定，用人单位与劳动者协商一致，可以订立无固定期限劳动合同。有下列情形之一，劳动者提出或者同意续订、订立劳动合同的，除劳动者提出订立固定期限劳动合同外，应当订立无固定期限劳动合同。

- 劳动者在该用人单位连续工作满十年的。
- 用人单位初次实行劳动合同制度或者国有企业改制重新订立劳动合同时，劳动者在该用人单位连续工作满十年且距法定退休年龄不足十年的。

● 连续订立二次固定期限劳动合同,且劳动者没有本法第三十九条和第四十条第一项、第二项规定的情形,续订劳动合同的。

3. 劳动合同的试用期

试用期是用人单位与首次录用的劳动者在劳动合同中约定的相互考察了解的时间。用人单位可以考察了解劳动者是否符合录用条件;劳动者也可以考察了解用人单位提供的劳动条件是否符合劳动合同约定的标准,工资报酬与自己所从事的劳动是否相当,自己能否适应或胜任用人单位所安排的岗位及工作任务。试用期不是劳动合同的必备条款,是否约定试用期,由双方当事人根据情况协商确定。当事人未约定试用期的,不影响劳动合同的成立和生效。

试用期的期限不得任意设定,法律对劳动合同试用期的最长期限作了规定。《劳动合同法》规定:劳动合同期限三个月以上不满一年的,试用期不得超过一个月;劳动合同期限一年以上不满三年的,试用期不得超过二个月;三年以上固定期限和无固定期限的劳动合同,试用期不得超过六个月。此外,法律对试用期设定了一些其他限制性规定。例如,同一用人单位与同一劳动者只能约定一次试用期;以完成一定工作任务为期限的劳动合同或者劳动合同期限不满三个月的,不得约定试用期;劳动合同仅约定试用期的,试用期不成立,该期限为劳动合同期限。

在人力资源管理实践中,约定俗成地形成了试用期工资适当低于"正式期"工资的观念和做法。法律为了规范当事人约定试用期工资的行为,防止过分压低试用期劳动报酬的情形发生,对试用期内的劳动报酬约定也作了限制性规定,即劳动者在试用期的工资不得低于本单位相同岗位最低档工资或者劳动合同约定工资的80%,并不得低于用人单位所在地的最低工资标准。

 **相关案例**

未订立劳动合同纠纷

【案情介绍】

金某于2018年3月19日入职某技术公司,担任技术测试员,公司与其口头约定工资为8 000元/月,但未订立书面劳动合同。同年8月3日,公司提出与金某订立劳动合同,并将合同文本交给金某。金某表示已经四个多月没签合同,没有再订立的必要了。公司多次与金某沟通,金某仍拒绝订立。同年8月30日,公司以金某不愿订立劳动合同为由书面通知其终止劳动关系。金某不服，向劳动争议仲裁委员会申请仲裁，要求公司支付2018年4月19日至2018年8月30日期间未签订书面劳动合同的双倍工资差额，并支付违法解除劳动关系赔偿金。

【案件评析】

本案争议焦点：劳动者不愿订立劳动合同，用人单位是否仍须承担双倍工资的赔偿责任？用人单位是否可以以此为由终止劳动关系？

金某认为，自2018年3月入职后公司一直没有与其订立劳动合同，直到2018年8月才提出签订，已经违反法律规定，再订立劳动合同已无意义，应该支付双倍工资，之后公司还终止劳动关系，属于违法终止，应支付赔偿金。

公司认为，由于公司人力资源部门的疏忽，金某入职初期未及时与其订立劳动合同，但2018年8月3日公司有关人员向金某提出签订劳动合同，并将合同文本交给金某，但金某不愿签订，多次沟通未果后，公司只能终止劳动关系。公司不同意金某的所有请求。

本案中，金某于2018年3月19日入职后，公司因疏忽未及时与金某订立书面劳动合同，应当承担向金某支付双倍工资的责任；但2018年8月3日，公司提出与金某签订劳动合同，并将合同文本交给金某，已履行诚实磋商义务，此后合同仍未能订立的原因系金某拒签，故公司无须承担2018年8月3日之后未签劳动合同的责任，无须支付双倍工资。同时，因为金某拒绝订立劳动合同，公司与其终止劳动关系符合法律规定。根据《劳动合同法》第十条、第八十二条和《劳动合同法实施条例》第六条的规定，公司应支付金某2018年4月19日至2018年8月2日期间未签订书面劳动合同的双倍工资差额，对金某的其余请求不予支持。

试用期纠纷

【案情介绍】

童小姐于2015年7月大学毕业，某日看到某公司招聘网站上一则设计师的招聘信息，认为自己基本符合招聘信息中的学历、岗位职责、工作能力等要求，遂向该公司发送了应聘信息。公司面试后，向童小姐表示：童小姐刚刚大学毕业，可能在实际工作能力上有所欠缺，但公司看到童小姐大学期间的设计图比较富有创意，聘用童小姐为设计师。双方签订了为期一年的劳动合同，并约定了六个月的试用期，劳动合同约定工资为6 000元/月。

2015年12月30日，公司向童小姐发出通知：由于童小姐在试用期的工表现无法达到公司要求，公司决定解除劳动合同。

童小姐认为自己在公司工作期间，兢兢业业、尽职尽责，设计成果也获得了客户的肯定，因此对公司解除劳动合同的决定难以接受，而且她也了解到公司约定的试用期超过了法定标准，遂向劳动争议仲裁委员会提出仲裁申请，要求撤销解除劳动合同决定并按照转正工资标准支付2015年9月起的工资差额。

【案件评析】

本案争议焦点：公司在一年的固定期限劳动合同中约定六个月试用期是否合法有效？如违法，是否能以试用期不符合录用条件为由解除劳动合同？应该如何确定童小姐的工资标准？

童小姐认为，自己刚刚大学毕业，缺乏社会经验和劳动法律常识，因此才接受公司的要求。而《劳动合同法》规定，劳动合同期限一年以上不满三年的，试用期不得超过二个月，而公司却在一年期劳动合同中约定了六个月的试用期，因此公司的行为违反法律规定，要求予以纠正。

公司认为，试用期的长短、试用期的工资待遇等都是经童小姐本人同意的，童小姐作为完全民事行为能力人，其作出的接受公司要求的行为属其真实意思表示，双方签订的合同应当属合法有效。试用期结束时，公司因童小姐的工作能力没有达到公司要求而解除劳动合同并无不妥。

本案中，根据《劳动合同法》第十九条规定，童小姐与公司签订的为期一年的固定期限劳动合同中，关于试用期的约定不得超过二个月，因此公司与童小姐约定的试用期违反了法律规定，超出期间不能认定为试用期，超出期间应当按照劳动合同约定的工资标准支付工资。公司解除与童小姐的劳动合同与法有悖，公司于2015年12月30日作出的解除与童小姐签订的劳动合同的决定应予撤销，双方继续履行劳动合同。另外，公司与童小姐关于劳动合同的试用期约定超过了法定期限标准，自第三个月起公司应按照劳动合同约定工资标准6 000元/月向童小姐支付工资差额。

订立无固定期限劳动合同纠纷

【案情介绍】

张先生于2007年4月1日进入某软件开发公司从事IT（信息技术）工程师工作。双方连续签订了数份劳动合同，最后一份合同期限自2012年1月1日起至2017年12月31日止。2017年12月，劳动合同即将到期前，张先生向公司提出合同到期要续订无固定期限劳动合同的意向，公司以劳动合同尚未到期,人力资源部还未着手续订合同为由未给予明确答复。2017年12月31日,张先生接到公司终止劳动合同通知书。张先生认为,自2017年4月起双方劳动关系存续已满十年,符合签订无固定期限劳动合同的条件,对公司终止劳动合同的决定不服,向劳动争议仲裁委员会申请仲裁,要求恢复与公司的劳动关系,并签订无固定期限劳动合同。

【案件评析】

本案争议焦点:劳动合同到期时,劳动者已符合在本单位工作满十年的条件,并提出订立无固定期限劳动合同的,用人单位是否可以终止劳动合同?

张先生认为,他在公司工作已满十年,公司应按《劳动合同法》的规定与他签订无固定期限劳动合同,不能单方终止劳动关系。

公司认为,与张先生签订的劳动合同于2017年12月31日期满,根据劳动合同期满劳动合同终止的规定,公司有权决定终止劳动合同。

仲裁庭审理后认为,张先生于2007年4月1日入职,至2017年3月31日,其在公司工作已满十年,即张先生已经符合《劳动合同法》规定的订立无固定期限劳动合同的条件。由于劳动合同到期前张先生向公司提出续订无固定期限劳动合同的要求完全符合法律规定,公司应当依法与其签订无固定期限劳动合同。虽然对于公司而言,固定期限劳动合同期满是劳动合同终止的情形之一,但是如果合同到期时,劳动者存在工作年限满十年情形且劳动者已作出订立无固定期限劳动合同意思表示的,用人单位应当依据《劳动合同法》关于无固定期限劳动合同的规定,与劳动者签订无固定期限劳动合同。

本案的裁决结果:公司终止与张先生劳动合同的行为违反了《劳动合同法》关于无固定期限劳动合同订立的相关规定,双方劳动关系应予恢复,并订立无固定期限劳动合同。

二、纠纷处理与预防

《劳动合同法》第十条规定,建立劳动关系,应当订立书面劳动合同。与劳动者订立书面劳动合同是一项法定义务。同时,签订书面劳动合同也是用人单位与劳动者建立劳动关系的重要标志之一。在实践中,很多劳动争议案件都涉及劳动合同订立的问题,如因未签订书面劳动合同而要求二倍工资差额的案件、用人单位以劳动者在试用期内不符合录用条件而解除劳动合同的案件等。

因此，关于订立劳动合同，有许多需要注意的地方，若用人单位能在与劳动者建立劳动关系时就处理好与劳动者订立劳动合同的相关事宜，将在很大程度上避免双方今后产生纠纷。

1. 关于劳动合同的订立

劳动合同书面化是《劳动合同法》的基本要求。不及时订立书面劳动合同的后果是向劳动者每月支付二倍的工资，甚至被直接视为双方已订立无固定期限劳动合同。在实践中，用人单位应当尽量做到先签合同后上岗，避免上岗后再签合同的做法。即使不能及时订立劳动合同，最迟也不得超过一个月。

劳动关系建立时，用人单位应当如实告知劳动者其工作内容、工作条件、工作地点、职业危险、安全生产状况、劳动报酬等情况，用人单位也应当对劳动者的相关情况进行必要的了解，包括劳动者的年龄、资质证书、工作经历、是否仍与其他用人单位存在劳动关系等。相互告知、了解相关情况是双方自主决定是否建立劳动关系的依据，同时也是双方今后顺利开展合作并避免不必要纠纷的重要基础。

劳动合同签订有三个非常重要的时间节点，即一个月内、超过一个月不满一年和满一年。在建立劳动关系一个月内签订书面劳动合同是合法的；若超过一个月不满一年未签订书面劳动合同的，用人单位必须向劳动者支付二倍工资并承担签订书面劳动合同的义务；若超过一年仍未签订书面劳动合同的，则依法推定用人单位已经与劳动者签订了无固定期限劳动合同。

在争议纠纷处理实践中，未订立劳动合同可能直接引发劳动者要求用人单位支付二倍工资差额的纠纷。由于现实中未订立书面劳动合同既有用人单位的原因，也有劳动者不愿签订的原因，处理此类纠纷时应当先分清造成未订立书面劳动合同后果的责任在哪一方。

《劳动合同法》规定："用人单位自用工之日起超过一个月不满一年未与劳动者订立书面劳动合同的，应当向劳动者每月支付二倍的工资。"其目的在于督促用人单位积极履行与劳动者订立劳动合同的义务，杜绝用人单位逃避其应负的用工责任，并以二倍工资作为用人单位违反法定义务的惩戒。简而言之，二倍工资的处罚是因用人单位存在主观上的故意或者疏忽导致未与劳动者订立劳动合同的情形。如果用人单位已尽到诚信义务，因不可抗力、意外情况或者劳动者拒绝签订等用人单位以外的原因，造成未签订劳动合同的，不属于用人单位未与劳动者订立书面劳动合同的情况。

2. 关于劳动合同订立中涉及的期限问题

《劳动合同法》对劳动合同期限的类型，以及不同期限与约定试用期的关系已经作

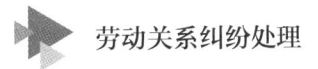

出了明确的规定。

按照《劳动合同法》的规定,劳动合同期限的长短直接影响试用期约定的长短。因此,在确定劳动合同期限的时候,应当充分考虑试用期的长短。试用期过短,对于某些岗位很难考察出劳动者的真实情况;试用期太长,往往会造成人才流失。

劳动合同期限的长短往往还和员工归属感紧密相连。所谓的员工归属感,实际上就是两个方面的内容:一是工作的稳定性,二是工作本身的增值空间。相比之下,劳动合同期限越长,越能增加员工的归属感,而实际上,留下与否的决定权往往在于员工本人。只有企业进入一种良性发展的状态,才能给员工创造更多的物质财富,提高员工的归属感。

3. 关于劳动合同订立中的试用期问题

试用期虽然不长,但是隐藏的争议风险却不少,如只签订试用期合同、试用期约定超过法定标准、试用期随意解除劳动合同等。因此,单位录用员工应当与其订立合法、有效的劳动合同,依法约定试用期。实践中,在约定试用期时应特别注意以下事项。

(1)不能单独签订试用期合同。发生争议时,此类合同所约定的试用期不成立,该期限为劳动合同期限,不能适用试用期的相关工资、解除等规定,且被认为订立的是固定期限劳动合同。

(2)切忌试用期约定超过法律规定期限标准,发生纠纷时超过法律规定期限的试用期将被认定为无效。

(3)不能重复约定试用期,对于同一个劳动者试用期只能约定一次,一般均是首次订立合同时约定。

(4)试用期工资不能随意约定,应注意不得低于本单位相同岗位最低档工资或者劳动合同约定工资的80%,并不得低于用人单位所在地的最低工资标准。

(5)试用期内应当为员工缴纳社会保险费,并足额支付各项应得的福利待遇。试用期内用人单位不缴纳社会保险费是不符合法律规定的。此外,劳动者在试用期存在加班、高温作业等情形的,用人单位也应当支付员工加班费、高温费等相关待遇。

(6)试用期内用人单位不得随意解除劳动合同。用人单位在试用期内无条件、随心所欲地解除劳动合同是不符合法律规定的。根据《劳动合同法》第三十九条规定,劳动者只有在试用期间被证明不符合录用条件的,用人单位才可以解除劳动合同。

学习单元 2

劳动合同无效纠纷

法条链接

《劳动合同法》

第二十六条 下列劳动合同无效或者部分无效：

（一）以欺诈、胁迫的手段或者乘人之危，使对方在违背真实意思的情况下订立或者变更劳动合同的；

（二）用人单位免除自己的法定责任、排除劳动者权利的；

（三）违反法律、行政法规强制性规定的。

对劳动合同的无效或者部分无效有争议的，由劳动争议仲裁机构或者人民法院确认。

第二十七条 劳动合同部分无效，不影响其他部分效力的，其他部分仍然有效。

第二十八条 劳动合同被确认无效，劳动者已付出劳动的，用人单位应当向劳动者支付劳动报酬。劳动报酬的数额，参照本单位相同或者相近岗位劳动者的劳动报酬确定。

第八十六条 劳动合同依照本法第二十六条规定被确认无效，给对方造成损害的，有过错的一方应当承担赔偿责任。

但凡合同，均有合法性问题。在传统民法领域，因违法而被否定效力的合同称为无效合同，用以反映劳动关系的劳动合同也不例外。但是，由于劳动关系本身的特殊性，劳动合同效力也具有特殊性，特别是无效劳动合同处理规则的设计。本节主要介绍劳动合同无效和部分无效的纠纷。

一、相关法律规定解读

1. 劳动合同无效的含义

劳动合同无效是指基于法定理由，劳动合同被确认为无效而对当事人不具有法律约束力。根据劳动法律法规规定，劳动合同无效是"自始无效"，即劳动合同自订立之日起就对当事人没有法律约束力。

2. 劳动合同无效的情形

《劳动合同法》规定的劳动合同无效或者部分无效的情形主要有：以欺诈、胁迫的手段或者乘人之危，使对方在违背真实意思的情况下订立或者变更劳动合同的；用人单位免除自己的法定责任、排除劳动者权利的；违反法律、行政法规强制性规定的。

（1）关于欺诈、胁迫或者乘人之危。任何一方采用欺诈、胁迫的手段或者乘人之危，致使对方违反本意与其订立或者变更劳动合同的，订立的劳动合同或变更后的劳动合同无效。

所谓欺诈，是指一方当事人故意告知对方虚假情况，或者故意隐瞒真实情况，诱使对方当事人作出违背真实意思表示的行为。所谓胁迫，是指以给对方生命、健康、名誉、荣誉、财产等造成损害为要挟，迫使对方作出违背真实意思表示的行为。所谓乘人之危，是指一方当事人趁对方处于危难之际，为牟取不正当利益，迫使对方作出违背真实意思表示的行为。

值得注意的是，当事人一方存在欺诈、胁迫或者乘人之危的行为，并非一定导致劳动合同无效，只有在一方实施上述行为并致使对方在违背真实意思表示的情况下订立或者变更劳动合同的，劳动合同才会被认定为无效。如果一方实施的欺诈、胁迫或者乘人之危的行为情节显著轻微，不足以影响对方违背真实意思的，不能以此为由认定劳动合同无效。例如，劳动者入职时存在隐瞒其婚姻生育状况的事实，骗取订立劳动合同，但由于婚姻生育状况原本就不应作为是否聘用劳动者的条件，劳动者隐瞒婚姻生育状况的欺骗行为不足以影响用人单位的真实意思表示，因此不能由此认定双方签订的劳动合同无效。

（2）关于用人单位免除自己的法定责任、排除劳动者权利。在劳动关系中，用人单位往往处于相对强势地位。对于其利用强势地位免除自己的法定责任、排除劳动者权利所签订的劳动合同，依法应当认定为无效。

在实践中，这类合同往往是部分条款的约定免除了自己的法定责任，因此一般会被认定为部分合同条款无效。其中，最典型的便是劳动合同中的"生死条款"，有些用人单位为了免除自己的责任，排除劳动者享受工伤待遇的权利，在劳动合同中约定"用人单位对劳动者在工作过程中发生的伤亡事故概不负责"之类的条款，都应被认定为无效条款。

（3）关于违反法律、行政法规强制性规定。内容合法是劳动合同生效必不可少的条件，违反法律、行政法规的强制性规定，必然会导致劳动合同无效。怎样确定劳动合同无效，一是必须属于违反法律、行政法规强制性的规定；二是所违反的必须是法律或者行政法规的规定，如果违反的仅是部门规章、地方性法规或者规范性文件中的规定，不能认定为无效。

在实践中，常见的被认定为无效的条款主要有违法约定劳动者支付违约金、违法约定低于当地最低工资标准的工资待遇、超过法定期限约定试用期等。这些条款由于违反了法律、行政法规的强制性规定，应当被认定为无效。

3. 劳动合同无效的确认

《劳动合同法》规定了劳动合同无效的确认机构。对劳动合同无效或者部分无效有争议的，由劳动争议仲裁机构或者人民法院确认。

《劳动合同法》还对劳动合同无效后的处理作了规定：劳动合同部分无效，不影响其他部分效力的，其他部分仍然有效；劳动合同被确认无效，劳动者已付出劳动的，用人单位应当向劳动者支付劳动报酬；劳动报酬的数额，参照本单位相同或者相近岗位劳动者的劳动报酬确定。

相关案例

因欺诈导致劳动合同无效

【案情介绍】

某公司新产品研发岗位招聘员工，写明要求工业设计类相关专业研究生学历。任某看到招聘信息后前去应聘，根据招聘启事提供了含相关专业毕业文凭复印件的应聘材料。公司人力资源部面试后与任某签订了为期三年的劳动合同。考虑到任某的学历背景，合同中没有约定试用期，约定每月工资为15 000元。工作几天后，任某感觉力不从心，难以完成研发工作。于是，他以需要熟悉公司情况及客户需求为由请求公司给他安排一份简单点的工作，公司满足了他的要求。结果一个月快过去了，这份简单工作他也做不好。

公司发现任某的实际工作能力与他的文凭很不相符，就开始怀疑他的学历。经过核实，公司证明任某的毕业文凭是伪造的。于是，公司决定与他解除劳动合同，并且拒绝向他支付已经工作了一个月的工资。任某不同意，与公司交涉未果，遂申请仲裁，请求支付相应工资，并请求撤销解除劳动合同决定，继续履行原劳动合同。

【案件评析】

本案争议焦点：因任某提供假文凭所签订的劳动合同是否有效？

任某认为，公司已经与自己签订了固定期限劳动合同，合同期间他尽心尽力地为公司工作了一个月，对公司拒绝支付工资并解除劳动合同不能接受。

公司认为，任某凭伪造的学历欺骗了公司，且实际工作能力也没有达到要求，双方签订的劳动合同是无效的，故不同意再按照无效合同的约定支付相应工资。

本案中，任某伪造学历属于欺诈行为，该劳动合同无效。根据《劳动合同法》的规定，劳动合同被确认无效，劳动者已付出劳动的，用人单位应当向劳动者支付劳动报酬。劳动报酬的数额，参照本单位相同或者相近岗位劳动者的劳动报酬确定。

本案的裁决结果：认定劳动合同无效，用人单位按照简单岗位的工资标准向任某支付一个月的劳动报酬，对任某的其他请求不予支持。

因约定条款违法导致劳动合同无效

【案情介绍】

24岁的谢小姐应聘一份自己非常喜爱的工作，但该公司人力资源部面试时提出，入职必须承诺三年内不结婚，还约定如有违反要支付违约金5 000元。考虑到工作来之不易，谢小姐违心地与公司签订了这份为期三年的劳动合同。实际上，谢小姐已经谈了五年恋爱，结婚已不能再拖了。谢小姐在过了六个月试用期后举行了婚礼，并向公司请婚假。公司以谢小姐违反劳动合同中关于三年内不得结婚的约定为由，向谢小姐发出支付违约金5 000元的书面通知。谢小姐遂向劳动争议仲裁委员会申请仲裁，要求确认劳动合同中关于三年内不得

结婚的条款无效。

【案件评析】

本案争议焦点：劳动合同中关于三年内不得结婚的条款是否有效？

谢小姐认为，恋爱和结婚是公民的权利，且并没有影响工作，当时因为特别看重这份工作才违心地签订了含有不得结婚条款的劳动合同，事后了解到这种约定是违反我国法律的，且公司据此约定违约金也是违反法律规定的，应被判定为无效。

公司认为，劳动合同是在双方充分协商达成一致的前提下签订的，公司提出的入职条件谢小姐是接受的，所签合同是双方真实意思的表示，应被确认为有效。现谢小姐违反诚信原则，违约在先，公司依据合同约定要求其承担违约责任并无不妥。

本案中，劳动合同中双方关于禁止结婚的约定，违反了我国《婚姻法》的相关规定，为无效条款。公司据此与谢小姐约定违约金也与法有悖。应当确认劳动合同中关于不得结婚及违约金的条款无效。

二、纠纷处理与预防

为了避免劳动合同出现无效的情形，首先，在签订劳动合同时要坚持合法的原则，即在当事人双方协商确定劳动合同内容条款时，要严格遵守法律、行政法规的规定。例如，招用十六周岁以下的未成年人，违反了国家禁止招用童工的规定；规定女职工在法定的婚育年龄不得结婚、生育，违反了《妇女权益保障法》《婚姻法》等法律的规定；规定工伤费用自理、半年支付一次工资、因工负伤医疗费自理等，违反了国家劳动法律、行政法规的相关规定。其次，在签订劳动合同时一定要坚持平等自愿、协商一致的原则，这是避免产生无效劳动合同的重要措施。从建立劳动关系之日起，用人单位和劳动者就是平等的，合同各项条款的确定，都要经过双方协商并达成一致意见，任何一方不得使用强加于人、欺诈、威胁等手段签订劳动合同。

对于劳动合同无效或部分条款无效的处理，《劳动合同法》作出了明确的规定。

1. 劳动合同无效，劳动者已付出劳动的应支付报酬

虽然无效的劳动合同不受法律认可和保护，但是在劳动合同履行过程中，劳动者已经付出了劳动，而劳动具有不可返还性，当事人的权利和义务关系不可能恢复到劳

动合同订立前的状态。因此,《劳动合同法》第二十八条规定:"劳动合同被确认无效,劳动者已付出劳动的,用人单位应当向劳动者支付劳动报酬。劳动报酬的数额,参照本单位相同或者相近岗位劳动者的劳动报酬确定。"

2. 劳动合同部分无效,其他部分仍然有效

《劳动合同法》第二十七条规定:"劳动合同部分无效,不影响其他部分效力的,其他部分仍然有效。"

首先,如果劳动合同的某些条款无效,该部分内容具有相对独立性或可分性,则该部分无效不影响其他部分效力。其次,如果合同中部分无效的条款具有不可分性,或当事人约定把劳动合同的某些条款作为劳动合同成立的必要条件,那么该劳动合同的部分无效将导致整个劳动合同的无效。最后,如果劳动合同的目的是违法的,严重违背法律、行政法规的基本原则,或者决定部分合同内容的效力没有任何实际意义,则该劳动合同也应该被确认为无效。

因此,劳动合同部分无效是否影响其他部分效力,需要具体问题具体分析。

3. 因劳动合同无效给对方造成损害的应承担责任

《劳动合同法》第八十六条规定:"劳动合同依照本法第二十六条规定被确认无效,给对方造成损害的,有过错的一方应当承担赔偿责任。"

由于一方当事人的原因导致劳动合同无效,给另一方造成了不同程度的损害,有过错的一方应当承担赔偿责任。当事人可以通过仲裁、诉讼等方式要求过错方进行赔偿。

学习单元 3

延误退工纠纷

法条链接

《劳动合同法》

第五十条 用人单位应当在解除或者终止劳动合同时出具解除或者终止劳动合同的证明,并在十五日内为劳动者办理档案和社会保险关系转移手续。

劳动者应当按照双方约定,办理工作交接。用人单位依照本法有关规定应当向劳动者支付经济补偿的,在办结工作交接时支付。

用人单位对已经解除或者终止的劳动合同的文本,至少保存二年备查。

《就业服务与就业管理规定》

第六十一条 劳动保障行政部门应当建立健全就业登记制度和失业登记制度,完善就业管理和失业管理。

公共就业服务机构负责就业登记与失业登记工作,建立专门台账,及时、准确地记录劳动者就业与失业变动情况,并做好相应统计工作。

就业登记和失业登记在各省、自治区、直辖市范围内实行统一的就业失业登记证(以下简称登记证),向劳动者免费发放,并注明可享受的相应扶持政策。

就业登记、失业登记的具体程序和登记证的样式,由省级劳动保障行政部门规定。

第六十二条 劳动者被用人单位招用的，由用人单位为劳动者办理就业登记。用人单位招用劳动者和与劳动者终止或者解除劳动关系，应当到当地公共就业服务机构备案，为劳动者办理就业登记手续。用人单位招用人员后，应当于录用之日起30日内办理登记手续；用人单位与职工终止或者解除劳动关系后，应当于15日内办理登记手续。

劳动者从事个体经营或灵活就业的，由本人在街道、乡镇公共就业服务机构办理就业登记。

就业登记的内容主要包括劳动者个人信息、就业类型、就业时间、就业单位以及订立、终止或者解除劳动合同情况等。就业登记的具体内容和所需材料由省级劳动保障行政部门规定。

公共就业服务机构应当对用人单位办理就业登记及相关手续设立专门服务窗口，简化程序，方便用人单位办理。

《上海市单位招工、退工管理办法》

第十一条 用人单位录用劳动者为全工时制职工的，自录用之日起30日内持下列材料，到本市劳动行政部门所属区县职业介绍所（以下简称区县职业介绍所）办理招工登记备案手续：

（一）录用人员的《劳动手册》；

（二）单位与劳动者签订的劳动合同；

（三）营业执照副本；

（四）按劳动者户口地址分区县填写"上海市职工录用名册"（一式四联）。

第十二条 用人单位与全工时制职工终止或解除劳动关系后，应在7日内办妥退工登记备案手续：

（一）填写一式三联退工通知单；

（二）在被退人员《劳动手册》和《劳动力登记表》上做好终止或解除劳动关系日期的记载并盖章；

（三）将退工通知单和《劳动手册》一起交被退人员；

（四）将退工通知单和个人档案连同《劳动力登记表》通过机要邮寄或直接送达被退人员户口所在地或单位所在地的区县职业介绍所。

办理退工手续是指解除或终止劳动合同后，用人单位为劳动者办理个人档案、社会保险关系转移，向劳动者开具退工单或解除劳动关系证明。这是用人单位应当承担的劳动关系解除或终止后的义务。在实践中，因用人单位未及时办理退工手续引发的争议时有发生，本节主要介绍用人单位延误退工引发的纠纷。

一、相关法律规定解读

《劳动合同法》规定："用人单位应当在解除或者终止劳动合同时出具解除或者终止劳动合同的证明，并在十五日内为劳动者办理档案和社会保险关系转移手续。"

要求用人单位出具解除或者终止劳动合同证明是为了便于劳动者办理求职登记和失业登记。如果用人单位未在法定期限内出具解除或者终止劳动合同证明的，劳动保障行政部门可责令整改；给劳动者造成损失的，用人单位应当承担赔偿责任。关于赔偿损失的具体标准，根据上海的仲裁司法实践，劳动合同已经解除或者终止，用人单位未依法出具解除或者终止劳动合同的有效证明或未及时办理退工手续，影响劳动者办理失业登记手续造成损失的，用人单位应当按照失业保险金有关规定予以赔偿；给劳动者造成其他实际损失的，用人单位应当按照劳动者的请求，赔偿其他实际损失，但不再承担法定失业保险金的赔偿责任。

当然，劳动关系结束后，劳动者也应该配合用人单位做好工作交接。《劳动合同法》规定，劳动者应当按照双方约定，办理工作交接。用人单位按规定应当向劳动者支付经济补偿的，在办结工作交接时支付。《劳动合同法》同时还规定，用人单位对已经解除或者终止的劳动合同文本至少保存二年备查。

延误退工纠纷

【案情介绍】

李小姐于2015年1月进入某物流公司工作，双方签订了为期三年的劳动合同。2017年5月6日，物流公司以李小姐不能胜任工作为由解除了双方的劳动合同。但李小姐认为自己工作兢兢业业，经常为了完成工作任务而自行加班，在工作上也不存在明显的问题，公司的解除决定令其难以接受，但事已至此，待下去也没什么意思，于是结清工资并收拾完东西离开了公司。

2017年9月1日，李小姐收到F公司的录取通知。但在李小姐上班的当日，F公司便告知李小姐，因上一家公司没有办理退工手续导致其无法为李小姐办理招工及社会保险手续，并要求李小姐在三天内与上一家公司办妥相关手续。李小姐随即致电某物流公司人力资源部，要求物流公司为其办理退工手续，但却被告知因其离职时未办理交接手续，公司拒绝为其办理退工手续。因交涉无果，物流公司未在三天内为李小姐办妥退工手续，李小姐最终未被F公司录用。李小姐为此向劳动争议仲裁委员会申请仲裁，要求物流公司赔偿延误退工导致的经济损失。

【案件评析】

本案争议焦点：用人单位可否以劳动者未办理离职交接手续为由而拒绝办理退工手续？

李小姐认为，自己被物流公司无故辞退一事已难以让人接受，在获得了F公司的录用意向后，因为物流公司未及时为其办理退工手续导致最终未被录用，物流公司的行为严重影响了自己再就业，应当赔偿自己的经济损失。

物流公司认为，员工离职时需要办理完整的交接手续，否则将影响公司的正常运作，李小姐离职时未按要求进行交接，只是结清了工资，并未经过所有领导的离职交接审批流程，故公司不为其办理退工手续并无不当。

本案中，根据法律规定，物流公司在2017年5月6日解除与李小姐的劳动合同后，应当在15日内为李小姐办理完毕退工手续。物流公司不应以李小姐未办理离职手续为由拒绝为其办理退工手续，其应当赔偿李小姐延误退工而无法办理F公司招工手续造成的经济损失。但李小姐无法证明实际损失，故损失标准可以参照失业保险金的金额进行计算。

二、纠纷处理与预防

办理退工手续与办理工作交接是劳动关系解除或者终止后分别对用人单位和劳动者的附随义务。若劳动关系已经解除或者终止，用人单位未按规定出具解除或终止劳动关系的有效证明或未及时办理退工手续，影响劳动者办理失业登记手续造成损失的，用人单位应当按照劳动者的预期失业救济损失予以赔偿；给劳动者造成其他实际损失的，用人单位应当赔偿其他实际损失。

因此，在解除或终止劳动关系之后，用人单位应当及时为劳动者办理档案和社会保险关系转移手续，避免因延迟办理而被追索损失赔偿。同时，由于经济补偿的支付以办结工作交接为条件，且进行工作交接的前提是"按照双方约定"，所以用人单位在与劳动者签订劳动合同时，应将工作交接作为劳动合同的内容加以约定。

培训任务三

工资支付纠纷处理

工资是指用人单位按照劳动合同约定和国家规定，以货币形式支付给劳动者的劳动报酬，一般包括计时工资、计件工资、奖金、津贴、补贴、加班工资等。工资是劳动者劳动收入的主要组成部分，涉及劳动者的切身利益，因而备受关注。在劳动用工管理实践中，工资支付纠纷也是劳动关系纠纷多发、高发的原因之一。其中，克扣或拖欠工资、加班工资、病假工资等引发的纠纷比较常见。

学习单元 1

克扣或拖欠工资纠纷

> **法条链接**
>
> 《劳动法》
>
> 第四十八条 国家实行最低工资保障制度。最低工资的具体标准由省、自治区、直辖市人民政府规定，报国务院备案。
>
> 用人单位支付劳动者的工资不得低于当地最低工资标准。
>
> 第五十条 工资应当以货币形式按月支付给劳动者本人。不得克扣或者无故拖欠劳动者的工资。
>
> 第五十一条 劳动者在法定休假日和婚丧假期间以及依法参加社会活动期间，用人单位应当依法支付工资。
>
> 《劳动合同法》
>
> 第三十条 用人单位应当按照劳动合同约定和国家规定，向劳动者及时足额支付劳动报酬。
>
> 第七十二条 非全日制用工小时计酬标准不得低于用人单位所在地人民政府规定的最低小时工资标准。
>
> 非全日制用工劳动报酬结算支付周期最长不得超过十五日。

《工资支付暂行规定》

第五条 工资应当以法定货币支付。不得以实物及有价证券替代货币支付。

第六条 用人单位应将工资支付给劳动者本人。劳动者本人因故不能领取工资时,可由其亲属或委托他人代领。

用人单位可委托银行代发工资。

用人单位必须书面记录支付劳动者工资的数额、时间、领取者的姓名以及签字,并保存两年以上备查。用人单位在支付工资时应向劳动者提供一份其个人的工资清单。

第七条 工资必须在用人单位与劳动者约定的日期支付。如遇节假日或休息日,则应提前在最近的工作日支付。工资至少每月支付一次,实行周、日、小时工资制的可按周、日、小时支付工资。

第八条 对完成一次性临时劳动或某项具体工作的劳动者,用人单位应按有关协议或合同规定在其完成劳动任务后即支付工资。

第十二条 非因劳动者原因造成单位停工、停产在一个工资支付周期内的,用人单位应按劳动合同规定的标准支付劳动者工资。超过一个工资支付周期的,若劳动者提供了正常劳动,则支付给劳动者的劳动报酬不得低于当地的最低工资标准;若劳动者没有提供正常劳动,应按国家有关规定办理。

《上海市企业工资支付办法》

➢ 企业不管以何种形式发放工资,都应当向劳动者提供一份本人的工资清单。

➢ 对实行年薪制或按考核周期兑现工资的劳动者,企业应当每月按不低于最低工资的标准预付工资,年终或考核周期期满时结算。

➢ 劳动者违反劳动纪律或规章制度,企业降低其工资的,降低后的工资不得低于本市规定的最低工资标准。

用人单位应当向劳动者及时足额支付工资,每月至少支付一次,不得克扣或无故拖欠。但在实践中,有的用人单位在工资支付上存在违反国家规定或劳动合同约定,随意改变工资支付标准、延长工资支付周期等问题;同时,部分劳动者认为"工资一分钱也不能少",任何情况下也不能扣减工资。这些情形都容易引发工资纠纷,且这类纠纷处理不当容易激化。

一、相关法律规定解读

1. 工资支付周期

根据我国法律规定和具体实践,目前多数用人单位实行月薪制,按月向劳动者支付工资,即每月至少支付一次工资;而实行小时工资制、日工资制、周工资制的用人单位也可以按日或按周发放工资。但有几种特殊情况:一是对于实行年薪制或按考核周期兑现工资的劳动者,用人单位可以每月按不低于最低工资的标准预付工资,到年终或考核周期期满时再结算工资;二是对从事非全日制工作的劳动者,工资支付周期最长不得超过十五日,即用人单位每十五日至少支付一次工资。

2. 工资支付日期

用人单位支付劳动者工资的具体日期应当由用人单位与劳动者约定,一旦约定就应当遵守,准时在约定日期支付,如果遇法定休假日或休息日应提前支付工资。

3. 工资清单

工资清单是用人单位支付工资时,向劳动者个人提供的反映其工资数额及明细情况的书面记录。用人单位应当书面记载劳动者姓名、工资数额、项目、时间等。用人单位无论是通过银行发放工资还是直接发放工资,都应当向劳动者提供工资清单。

4. 代扣工资

代扣工资是指用人单位依照法律法规的规定,代替有关部门在劳动者的工资中扣除部分数额,用于缴纳各项税费或承担相应的责任。法律法规规定这类扣除主要包括以下几项。

(1)应由劳动者个人缴纳的个人所得税。

(2)应由劳动者个人承担的社会保险费和住房公积金。

(3)按法院判决、裁定代扣的抚养费、赡养费等。

5. 不属于克扣工资的情形

克扣工资是指用人单位无正当理由扣减劳动者应得工资。应得工资是指在劳动者已提供正常劳动的前提下,用人单位按劳动合同规定的标准应当支付给劳动者的全部劳动报酬,但不包括以下减发工资的情况。

(1)国家的法律法规中有明确规定的。

（2）依法签订的劳动合同中有明确规定的。

（3）用人单位依法制定并经职工代表大会表决通过的厂规、厂纪中有明确规定的（但支付给劳动者的工资不得低于当地的最低工资标准）。

（4）企业工资总额与经济效益相联系，经济效益下降时，工资必须下调的（但支付给劳动者的工资不得低于当地的最低工资标准）。

（5）因劳动者请事假等相应减发工资等。

此外，如果劳动者因本人原因给用人单位造成经济损失，用人单位可以依法或按照劳动合同约定要求其赔偿经济损失。用人单位可从劳动者本人的工资中扣除一部分作为赔偿款。但扣除的部分不得超过劳动者当月工资的20%，且扣除后的剩余工资也不得低于当地规定的最低工资标准。这种情况也不属于克扣劳动者工资。

6. 不属于无故拖欠工资的情形

无故拖欠工资是指用人单位无正当理由超过规定付薪时间未支付劳动者工资，不包括以下延期支付工资的情况。

（1）用人单位遇到非人力所能抗拒的自然灾害、战争等原因，无法按时支付工资的。

（2）用人单位确因生产经营困难，资金周转受到影响，暂时无法按时支付工资的，经与本单位工会或者职工代表协商一致，延期在一个月内支付劳动者工资的。当然，延期支付工资的相应时间应告知劳动者。

相关案例

克扣工资

【案情介绍】

赵某于2017年3月1日进入某服装加工公司担任质检员，劳动合同约定月工资为5 000元，工资发放日期为次月15日。4月15日，赵某收到公司支付的3月工资，发现公司在扣除个人应当缴纳的社会保险费和个人所得税之外，还扣发了1 000元，便向公司人力资源部门询问并提出异议。人力资源部表示，为防止员工无故离职，每月从员工工资中扣除1 000元，在员工按规定离职后予以返还。赵某认为公司的做法不符合法律规定，因协商不成，赵某向劳动争议仲裁机构申请仲裁，要求公司补发所扣发的1 000元工资。

【案件评析】

本案争议焦点：该服装加工公司从赵某工资中扣发1 000元的行为是否合法、正当？

公司认为，员工随意离职的情形多发，给公司正常生产经营带来了严重的影响，公司采用先扣除部分工资事后返还的做法，有利于遏制随意离职现象的发生。同时，只要员工正常离职，公司将返还全部扣除工资，并没有克扣。

赵某认为，法律法规对于可以扣除劳动者工资的情形有明文规定，公司为防止员工随意离职而扣工资的做法显然不属于法律法规规定可以从劳动者工资中代扣的情形。

本案中，该服装加工公司从赵某工资中扣除1 000元的行为不符合法律规定可以扣除工资的情形。赵某主张该公司克扣其工资的事实成立，因此赵某的主张应当得到支持。

拖欠工资

【案情介绍】

2016年9月初，钱某到劳动保障监察机构投诉，反映他在某管理咨询公司工作，约定每月工资为6 000元，但该公司拖欠他7月工资，至今未发。

经查，该公司与劳动者约定每月十五日发放上月工资。该公司表示，最近资金周转比较紧张，暂时无力支付包括钱某在内的所有员工的工资，所以直到9月初也没能发放7月工资；但近期将有几笔应收款入账，到账后就能支付员工工资。该公司决定延期支付工资一事，没有与工会或员工代表进行协商，也没有告知全体员工，只是向个别前来询问的员工进行了解释。

【案件评析】

本案争议焦点：该管理咨询公司是否存在无故拖欠工资的情形，延期支付工资的行为是否合法？

本案中，根据《工资支付暂行规定》《上海市企业工资支付办法》等相关规定，如果用人单位确实因为生产经营困难，资金周转受到影响，导致暂时无法按时向劳动者支付工资的，可以延期在一个月内支付。但上述规定同时明确延期支付工资必须符合以下程序：一是要与本单位工会或职工代表进行协商，并取得一致；二是延期支付工资的时间要告知全体劳动者。本案中，该公司虽然符合延期支付工资的客观情形，也处在延期一个月内的期限中，但不符合程序要求，没有就延期支付事宜与工会或职工代表进行协商，也没有履行告知全体劳动者的义务。

该管理咨询公司未就延期支付工资事宜履行规定的协商告知程序，违反了相关规定，该公司存在拖欠劳动者工资的行为，应当向包括钱某在内的劳动者支付拖欠的工资。

二、纠纷处理与预防

1. 纠纷处理要点

（1）确定工资数额。无论是处理克扣工资纠纷还是处理拖欠工资纠纷，首先都要确定应发工资数额。一是看劳动合同是否约定了劳动者的月工资。劳动报酬是劳动合同应当载明的必备条款，如果劳动合同对劳动者月工资有明确约定的，则应按约定确定。二是看实际履行与劳动合同约定的月工资是否一致。如果实际发放的月工资与劳动合同约定的不一致，则按实际履行的月工资确定。其次，要确定克扣或无故拖欠的工资数额。工资数额的确定，是处理好克扣或拖欠工资纠纷的重要基础。

（2）查清具体情形。根据法律法规和规章规定，并不是所有的扣发、延期支付工资都是违法行为。在处理克扣或拖欠工资纠纷时，需要搞清楚少支付、未按时支付工资的行为是否合法、正当。如果该行为符合《工资支付暂行规定》《对〈工资支付暂行规定〉有关问题的补充规定》《上海市企业工资支付办法》中列明的可以代扣、扣减、延期支付工资情形的，则应当及时与劳动者进行沟通，向其阐明相关法律政策。如果不符合相关规定，确实存在克扣或拖欠工资行为的，则应当及时予以纠正。

（3）注意程序合规。虽然有些减发工资、延期支付工资的原因符合法律允许的情形，但却在程序上违反了法律规定的要求。如未与本单位工会或者职工代表进行协商并取得一致，或延期支付时间超过了一个月，或未将延期支付工资的时间告知劳动者等。程序的违法，同样将被认定为克或扣拖欠工资情形成立，在纠纷处理时要予以注意。

2. 预防规范要点

（1）准确把握工资支付规范。工资事关劳动者的重大切身利益，国家和地方都有相关法律法规政策予以规范。相比其他劳动用工规定，工资支付规定要复杂一些。用人单位应当正确理解、准确把握各项规定，在制定和实施本企业内部的工资管理规定时必须处理好经营管理权与法律强制规定的关系，尽量避免因不熟悉法律政策"误操

作"而导致克扣或拖欠工资行为，引发纠纷。

（2）妥善保存工资支付凭证。一般情况下，在克扣或拖欠工资纠纷处理中，用人单位负有提供工资支付凭证等证据的义务，承担相应举证责任。如果用人单位拒绝提供或不能提供证据的，仲裁机构、人民法院或劳动行政部门可以根据劳动者举报投诉时提供的材料认定事实。根据《劳动争议调解仲裁法》规定，劳动关系存续期间因拖欠劳动报酬发生争议的，劳动者可以自劳动关系终止之日起一年内申请仲裁。可以申请仲裁的时效很长，因此无论是用人单位还是劳动者，都应注意长期保存工资单等与工资发放相关的证据材料。

（3）加强沟通协商以消除误解。工资是劳动者个人甚至整个家庭的主要收入来源，因此大都"锱铢必较"。因此，用人单位在改变劳动者既定工资数额，特别是发生扣减、降低、延期支付等对劳动者不利的情形时，一定要事先将具体原因告知劳动者，加强沟通协商以消除误解，避免因程序的缺失而造成克扣或拖欠工资的违法后果，造成不必要的纠纷。

学习单元 2

加班工资纠纷

> **法条链接**
>
> 《劳动法》
>
> 第四十四条 有下列情形之一的,用人单位应当按照下列标准支付高于劳动者正常工作时间工资的工资报酬:
>
> (一)安排劳动者延长工作时间的,支付不低于工资的百分之一百五十的工资报酬;
>
> (二)休息日安排劳动者工作又不能安排补休的,支付不低于工资的百分之二百的工资报酬;
>
> (三)法定休假日安排劳动者工作的,支付不低于工资的百分之三百的工资报酬。
>
> 《劳动合同法》
>
> 第三十一条 用人单位应当严格执行劳动定额标准,不得强迫或者变相强迫劳动者加班。用人单位安排加班的,应当按照国家有关规定向劳动者支付加班费。

《工资支付暂行规定》

第十三条 用人单位在劳动者完成劳动定额或规定的工作任务后，根据实际需要安排劳动者在法定标准工作时间以外工作的，应按以下标准支付工资：

（一）用人单位依法安排劳动者在日法定标准工作时间以外延长工作时间的，按照不低于劳动合同规定的劳动者本人小时工资标准的150%支付劳动者工资；

（二）用人单位依法安排劳动者在休息日工作，而又不能安排补休的，按照不低于劳动合同规定的劳动者本人日或小时工资标准的200%支付劳动者工资；

（三）用人单位依法安排劳动者在法定休假节日工作的，按照不低于劳动合同规定的劳动者本人日或小时工资标准的300%支付劳动者工资。

实行计件工资的劳动者，在完成计件定额任务后，由用人单位安排延长工作时间的，应根据上述规定的原则，分别按照不低于其本人法定工作时间计件单价的150%、200%、300%支付其工资。

经劳动行政部门批准实行综合计算工时工作制的，其综合计算工作时间超过法定标准工作时间的部分，应视为延长工作时间，并应按本规定支付劳动者延长工作时间的工资。

实行不定时工时制度的劳动者，不执行上述规定。

《上海市企业工资支付办法》

➢ 劳动者在依法享受婚假、丧假、探亲假、病假等假期期间，企业应当按规定支付假期工资。

➢ 在妇女节、青年节等部分公民休假的节日期间，对参加社会或企业组织的庆祝活动和照常工作的劳动者，企业应支付工资，但不支付加班工资。如果该节日恰逢休息日，企业安排劳动者工作的，应当按本条第（二）项的规定支付加班工资。

用人单位安排劳动者加班，应当按照有关规定向劳动者支付加班工资。从目前实践情况看，因加班工资问题引发的纠纷也是劳动关系纠纷的主要种类之一。争议焦点主要集中在对于不同工时制度情形下，加班工资的支付标准及加班工资计算基数的理解等。

一、相关法律规定解读

1. 各工时制度的加班工资支付标准（见表3-1）

表3-1　　　　　　　　　　加班工资支付标准

工时制度	平时	休息日	法定休假日
标准工时制	不低于本人工资的150%	不低于本人工资的200%	不低于本人工资的300%
综合计算工时制	不低于本人工资的150%		不低于本人工资的300%
不定时工时制	不执行上述规定		不低于本人工资的300%

（1）标准工时制情形下的加班工资。在实行标准工时制的情况下，用人单位安排劳动者在平时工作日加班的，应按照不低于本人小时工资的150%支付加班工资；安排劳动者在休息日加班的，应先安排补休，不能安排补休的则按照不低于本人日或小时工资的200%支付加班工资；安排劳动者在法定休假日（如10月1日至10月3日）加班的，应按照不低于本人日或小时工资的300%支付加班工资。假如劳动者日工资为300元（或小时工资为37.5元），150%即为450元/日（或56.25元/小时），200%即为600元/日（或75元/小时），300%即为900元/日（或112.5元/小时）。

（2）综合计算工时制情形下的加班工资。对于经批准实行综合计算工时工作制的劳动者，在一个计算周期内，只要劳动者实际工作时间总计不超过法定标准工作时间，对于单日超过法定标准工作时间的，用人单位并不需要支付加班工资。总计超过法定标准工作时间的部分视为加班，用人单位应按不低于劳动者本人小时工资的150%支付加班工资。但在法定休假日安排劳动者工作的，必须按不低于本人日或小时工资的300%支付加班工资。

（3）不定时工时制情形下的加班工资。根据相关规定，对于经批准实行不定时工时制的劳动者，可以不受《劳动法》第四十一条规定的日延长工作时间标准和月延长工作时间标准的限制。因此，不存在平时工作日及休息日加班的概念，也就不存在平时工作日、休息日的加班工资了。但对于在法定休假日安排劳动者工作是否需要支付加班工资的问题，各地区规定不一样，《上海市企业工资支付办法》明确规定，实行不定时工时制的劳动者，在法定休假日由单位安排工作的，按不低于本人日或小时工资的300%支付加班工资。

2. 部分公民放假日的工资

法定休假日加班应当支付加班工资，指的是全体公民放假的假日。根据原劳动和社会保障部《关于部分公民放假有关工资问题的函》（劳社厅函〔2000〕18号）、《上海市企业工资支付办法》等相关规定，在妇女节、青年节等部分公民放假的节日期间，对参加社会或单位组织的庆祝活动和照常工作的劳动者，用人单位应支付工资，但不支付加班工资；如果该节日恰逢休息日，用人单位安排劳动者工作的，应当按休息日加班的规定支付加班工资。

3. 计件工资制情形下的加班工资

对实行计件工资的劳动者，在完成计件定额任务后，由用人单位安排在法定标准工作时间以外工作的，应当根据有关原则相应调整计件单价，分别按照不低于其本人法定工作时间计件单价的150%（平时工作日）、200%（休息日）、300%（法定休假日）支付其工资，以此体现其应当获得的加班报酬。

4. 加班工资计算基数

加班工资的计算基数为劳动者所在岗位相对应的正常出勤月工资，不包括年终奖、上下班交通补贴、工作餐补贴、住房补贴、中夜班津贴、夏季高温津贴、加班工资等特殊情况下支付的工资。加班工资的计算基数应按以下原则确定。

（1）劳动合同对劳动者月工资有明确约定的，按劳动合同约定的劳动者所在岗位相对应的月工资确定；实际履行与劳动合同约定不一致的，按实际履行的劳动者所在岗位相对应的月工资确定。

（2）劳动合同对劳动者月工资未明确约定，集体合同（工资专项集体合同）对岗位相对应的月工资有约定的，按集体合同（工资专项集体合同）约定的与劳动者岗位相对应的月工资确定。

（3）劳动合同、集体合同（工资专项集体合同）对劳动者月工资均无约定的，按劳动者正常出勤月工资（不包括加班工资）的70%确定。

（4）加班工资的计算基数不得低于规定的最低工资标准，法律法规另有规定的，从其规定。

5. 日工资、小时工资的折算

根据原劳动和社会保障部《关于职工全年月平均工作时间和工资折算问题的通知》（劳社部发〔2008〕3号）、《上海市企业工资支付办法》等相关规定，劳动者月计薪天数为21.75天〔（365天–104天）÷12个月〕，日工资按月工资收入除以月平均计薪天数 21.75 天计算，小时工资按日工资除以 8 小时计算。

加班工资支付标准

【案情介绍】

2016 年 12 月，孙某到劳动保障监察机构投诉，反映某金属制品公司没有按规定标准向其支付 2016 年 11 月的加班工资，并提供了其本人的劳动合同、工资单等材料。

经查，孙某系该金属制品公司普工，双方约定月工资为每月 4 000 元；该公司对普工岗位实行标准工时制，一般不会安排加班。2016 年 11 月，由于临时增加了订单、人手不够，公司安排孙某在工作日共加班了 15 小时、在双休日共加班了 16 小时。公司表示，已经向孙某支付了上述共 31 小时的工资，小时工资标准按照日工资（孙某月工资除以每月平均计薪天数）除以 8 小时计算得出（4 000÷21.75÷8≈23），共支付了 713 元（即 23×31）。公司同时提供了考勤表、工资单、支付凭证等材料。

【案件评析】

本案争议焦点：该金属制品公司是否按照规定的标准向孙某支付了加班工资？

本案中，根据规定，用人单位安排实行标准工时制的劳动者在平时工作日法定标准工作时间以外加班的，应按照不低于劳动者本人小时工资的 150% 支付加班工资；安排在休息日工作而又不能安排补休的，按照不低于劳动者本人日或小时工资的 200% 支付。本案中，该金属制品公司没有区分平时工作日加班和休息日加班，没有分别按照 150% 和 200% 的标准计发加班工资，而是统一按照正常日工资和小时工资的标准来计发加班工资，这明显是不符合法律规定的。

该金属制品公司加班工资支付标准违反了相关规定，存在未足额支付劳动者加班工资的行为，应当补发。

加班工资计算基数

【案情介绍】

李某于 2017 年 4 月 1 日进入上海某物流公司工作，岗位为集装箱卡车司机，主要从事中长途货物运输。公司与李某签订的劳动合同中，约定月工资主要由基础工资、岗位工资、工作餐补贴、加班工资四部分构成。基础工资主要根据工龄等因素确定，岗位工资依据工作内容、职务等分档确定，工作餐补贴主要根据市场价格确定，加班工资主要依据实际加班时间确定。劳动合同约定李某的基础工资为每月3 000元；根据入职时确定的级别，李某当前的岗位工资固定为每月3 000元；目前该公司确定的工作餐补贴为每人每月500元；双方约定以基础工资为基数计算加班工资。2017年8月10日，李某在网上看到《上海市企业工资支付办法》相关信息，发现其加班工资计算基数低于该办法的规定，遂向公司提出质疑。但公司表示，以李某基础工资3 000元作为加班工资计算基数并无不当。因协商不成，李某向劳动争议仲裁机构申请仲裁，要求补发加班工资差额部分。

【案件评析】

本案争议焦点：该物流公司以李某的基础工资3 000元作为加班工资计算基数是否符合规定？

本案中，根据《上海市企业工资支付办法》确定加班工资计算基数必须符合三方面的要求：一是加班工资的计算基数为劳动者所在岗位相对应的正常出勤月工资，不包括上下班交通补贴、工作餐补贴、加班工资等特殊情况下支付的工资；二是劳动合同对劳动者月工资有明确约定的，按劳动合同约定的劳动者所在岗位相对应的月工资确定；三是加班工资的计算基数不得低于规定的最低工资标准。本案中，李某的劳动合同中载明工资由基础工资、岗位工资、工作餐补贴、加班工资构成，基础工资和岗位工资基本固定，分别为每月3 000元，且与实际履行一致。显然，其加班工资计算基数应当在除去工作餐补贴和加班工资后，以基础工资加上岗位工资计算。因此，该公司确定的李某加班工资基数不符合相关规定。

该物流公司的行为违反了关于加班工资基数计算办法的规定，仲裁机构裁决该公司以6 000元（基础工资与岗位工资之和）为基数计算李某加班工资，并向李某补发加班工资差额部分。

二、纠纷处理与预防

1. 纠纷处理要点

（1）确定工时制度。在不同工时制度的情况下，加班时间的确定、加班工资的支付标准等规定不尽相同。因此，在处理加班工资纠纷时，首先要确定劳动者所对应岗位实行的是标准工时制，还是综合计算工时工作制或者不定时工时制，再按照不同规定作出处理。对于实行综合计算工时工作制或者不定时工时制的，必须经过劳动行政部门批准，用人单位应当提供有效的审批文书。如果用人单位未经批准擅自对某些岗位实行综合计算工时工作制或者不定时工时制，其相关劳动者的工作时间一般按标准工时制处理。

（2）确定加班事实。确定加班事实是指确定是否加班及加班时间的多少，这是计算加班工资的一项基本依据。确定事实要依靠证据，按照"谁主张、谁举证"的原则，劳动者主张加班费的，应当就加班事实的存在承担举证责任，如提供考勤记录、交接班记录、加班通知、工资条等能够证明其加班的证据材料。但如果劳动者能够证明用人单位掌握加班事实存在的证据，用人单位应当提供而不提供的，则由用人单位承担不利后果。另外，还要明确工作时间。工作时间是指劳动者提供劳动的时间，一般工间休息时间、用餐时间等不包含在工作时间内，在确定加班时间时可予以剔除。

（3）确定计算基数。一般而言，劳动合同中不用约定加班工资和假期工资的计算基数；如果约定，则约定的计算基数不得低于劳动者所在岗位相对应的月工资，也不得低于规定的最低工资标准。同时，要注意加班工资计算基数是不包括上下班交通补贴、工作餐补贴、住房补贴等项目的，但也不能把这些剔除项目的金额提到畸高。如果可剔除项目的数额不合常理，以此故意减少加班工资的计算基数，则按劳动合同、集体合同未约定劳动者月工资处理，即可以按劳动者正常出勤月工资（不包括加班工资）的70%来确定加班工资计算基数。

2. 预防规范要点

（1）完善加班管理。依法支付加班工资的基础是完善单位的加班管理制度。一般情况下，只有单位要求劳动者延长工作时间才属于加班。为了能够事后确认是否单位要求加班，就应当完善加班通知制度。为了避免日后对加班时间产生分歧，就应当完善加班时间的考勤记录制度，并且尽量做到由劳动者当场确认。这类材料应当保存一定的时间，以备作为证据。

（2）注意非标准工时制加班工资计发。实行非标准工时制是为了可以在一个周期内实现忙闲工作时间峰谷相抵，或将日工作时间虽长但存在较多休息时间的情形排除在标准工时制之外，从而在能够保障劳动者休息权的基础上，使企业避免支付不必要的加班费用。但实行了非标准工时制仍然可能遇到需要支付加班工资的情形。例如，实行综合计算工时制时，在整个计算周期内，劳动者总的工作时间超过了法定标准工作时间，或实行不定时工时制时，在法定休假日安排劳动者工作的，都需要按规定支付加班工资。

（3）注意区分值班与加班。安排劳动者值班，不需要支付加班工资。但值班不能与加班混淆。根据相关规定，两者最大的区别是：值班是临时的、与本职工作无关的（如安全、消防、假日值班）或虽与本职工作有关但延长工作期间可以休息的；而加班是在本该休息的时间从事本职工作且延长工作期间不能休息的情形。不能将加班当作值班处理，规避支付或少支付加班费，否则将会引发纠纷。

学习单元 3

病假工资纠纷

> **法条链接**
>
> 《关于贯彻执行〈中华人民共和国劳动法〉若干问题的意见》(劳部发〔1995〕309号)
>
> ➢ 职工患病或非因工负伤治疗期间,在规定的医疗期间内由企业按有关规定支付其病假工资或疾病救济费,病假工资或疾病救济费可以低于当地最低工资标准支付,但不能低于最低工资标准的80%。
>
> 《关于加强企业职工疾病休假管理保障职工疾病休假期间生活的通知》(沪劳保发〔1995〕83号)
>
> ➢ 职工疾病或非因工负伤连续休假在6个月以内的,企业应按下列标准支付疾病休假工资:连续工龄不满2年的,按本人工资的60%计发;连续工龄满2年不满4年的,按本人工资的70%计发;连续工龄满4年不满6年的,按本人工资的80%计发;连续工龄满6年不满8年的,按本人工资的90%计发;连续工龄满8年及以上的,按本人工资的100%计发。
>
> ➢ 职工疾病或非因工负伤连续休假超过6个月的,由企业支付疾病救济费,其中连续工龄不满1年的,按本人工资的40%计发;连续工龄满1年不满3年的,按本人工资的50%计发;连续工龄满3年及以上的,按本人工资的

60% 计发。

➤ 本人工资按职工正常情况下实得工资的70%计算。

➤ 职工疾病或非因工负伤休假待遇低于本企业月平均工资40%的，应补足到本企业月平均工资的40%。企业月平均工资的40%低于本市在职职工定期生活困难补助标准的，应补足到本市在职职工定期生活困难补助标准。职工疾病或非因工负伤待遇高于本市上年度月平均工资的，可按本市上年度月平均工资计发。

《关于本市企业职工疾病休假工资或疾病救济费最低标准的通知》（沪劳保保发〔2000〕14号）

➤ 企业支付职工疾病休假期间的病假工资或疾病救济费不得低于当年本市企业职工最低工资标准的80%。

➤ 企业支付职工疾病休假工资或疾病救济费最低标准不包括应由职工个人缴交的养老、医疗、失业保险费和住房公积金。

病假工资是指劳动者患病或非因工负伤停止工作休息期间，用人单位依法应当支付给劳动者的报酬。为加强劳动者疾病和非因工负伤休假管理，保障劳动者疾病休假期间的基本生活，国家和各地区就用人单位支付病假工资作出了相关规定。在劳动用工管理实践中，由病假工资产生的劳动关系纠纷也比较常见。

一、相关法律规定解读

1. 病假工资与疾病救济费

病假工资与疾病救济费都是在劳动者患病或非因工负伤停止工作休息期间，用人单位支付的报酬。根据劳动者病休时间的长短分别称为病假工资或疾病救济费。劳动者连续病休在六个月以内的，支付病假工资；连续病休超过六个月的，支付疾病救济费。

2. 病假工资的计发系数

根据国家和上海市有关规定，劳动者病假工资的计发系数主要与劳动者的连续工龄（本单位工龄）、病假时间长短等有关，见表3-2。

表 3-2　　　　　　　　　　　　病假工资的计发系数

连续休假时间	连续工龄	病假工资计发系数
疾病或非因工负伤停止工作连续休假在六个月以内（病假工资）	不满二年	按本人工资的 60% 计发
	满二年不满四年	按本人工资的 70% 计发
	满四年不满六年	按本人工资的 80% 计发
	满六年不满八年	按本人工资的 90% 计发
	满八年及以上	按本人工资的 100% 计发
疾病或非因工负伤连续休假超过六个月（疾病救济费）	不满一年	按本人工资的 40% 计发
	满一年不满三年	按本人工资的 50% 计发
	满三年及以上	按本人工资的 60% 计发

3. 病假工资计算基数

国家层面关于病假工资和疾病救济费计发基数的规定为劳动者"本人工资"。但用人单位工资制度各不相同，"本人工资"所涵盖的项目也不尽相同，为了规范病假工资计算基数，各地区作了相应规定。《上海市企业工资支付办法》规定，病假工资的计算基数与加班工资相同，为劳动者所在岗位相对应的正常出勤月工资，不包括年终奖、上下班交通补贴、工作餐补贴、住房补贴，以及中夜班津贴、夏季高温津贴、加班工资等特殊情况下支付的工资。

4. 病假工资支付限额

为了既保障劳动者疾病休假期间的基本生活，又使保障力度适当合理，国家和一些地区对病假工资和疾病救济费的数额作了上下限额的规定。在国家层面，规定病假工资或疾病救济费可以低于当地最低工资标准，但不能低于最低工资标准的 80%。上海市规定，用人单位支付劳动者病假工资或疾病救济费不得低于当年本市最低工资标准的 80%；病假工资或疾病救济费最低标准不包括应由劳动者个人缴交的养老、医疗、失业保险费和住房公积金；同时规定，对于劳动者疾病或非因工负伤待遇高于本市上年度月平均工资的，可以按本市上年度月平均工资计发。

 **相关案例**

病假工资纠纷

【案情介绍】

2017 年 7 月，张某到劳动争议仲裁机构申请仲裁。张某自称是上海某软件公司程序设计员，2017年5月整月病休在家，但后来发现5月工资只有4 700元左右。而双方约定张某所在岗位相对应的工资为每月8 000元。张某认为病假工资低于法定标准，要求该公司补发其5月病假期间的工资差额。

该公司认为，张某在该公司的工作时间已满三年不满四年，所以按照张某本人工资的70%计发病假工资（即5 600元），在代扣代缴社会保险费、住房公积金和个人所得税之后，向张某支付了4 700元的工资。但张某认为，该软件公司应该按照其本人工资的100%计发病假工资，而不是按照70%计发。

【案件评析】

本案争议焦点：该软件公司确定病假工资计发系数是否符合规定？

根据国家和上海市有关规定，劳动者病假工资的计发系数主要根据劳动者病假时在本单位的工作年限来确定。本案中，张某在该软件公司的工作年限是三年，休了一个月病假。该软件公司按照"劳动者疾病或非因工负伤连续休假在六个月以内且连续工龄满二年不满四年的，按劳动者本人工资的70%支付病假工资"的规定计发张某病假工资，并依法代扣代缴社会保险费、住房公积金、个人所得税等费用，与法不悖。

张某要求该软件公司按照其本人工资的100%计发病假工资，并无法律依据，单位支付的病假工资并无不当。

二、纠纷处理与预防

1. 纠纷处理要点

（1）正确把握病假工资与医疗期的关系。医疗期是指劳动者患病或者非因工负伤停止工作治病休息，用人单位不得因此解除劳动合同的期限。劳动者在本单位工作期间累计病休时间超过规定的医疗期，用人单位可以依法解除劳动合同。但如果在医疗期满后，用人单位没有解除劳动合同，劳动者继续处于病休治疗状态的，用人单位仍应当向劳动者支付病假工资或疾病救济费。

（2）准确认定本单位连续工作年限和病假工资计算基数。劳动者在本单位的连续工作年限决定着病假工资、疾病救济费的计发系数，因此必须准确认定。需要注意的是，在计算连续工作年限时，一般满一个周年才能算一年。同时，病假工资的计算基数也至关重要，用人单位和劳动者应当根据《上海市企业工资支付办法》等相关规定确定计算基数。这与确定加班工资计算基数时应当注意的方面是基本相同的。

2. 预防规范要点

（1）注意政策的变化和衔接。国家和上海市出台的与病假工资、医疗期相关的规定比较多，年代跨度也比较大，用人单位和劳动者在运用时要注意相关政策的前后变化和衔接。对于同一法律位阶的政策，新旧规定有不一致的地方，如果没有特别规定，根据法不溯及既往原则，在新规定施行前的时间段仍然按照旧规定执行，在新规定正式施行后的时间段则要按照新规定执行。例如，修改后的《上海市企业工资支付办法》（沪人社综发〔2016〕29号）自2016年8月1日起施行，从这个时间点以后的病假工资计算基数就要根据该办法予以确定，而这个时间点之前的，就应该按照原来的规定确定。

（2）注意病假工资、疾病救济费下限和上限的含义。在计算病假工资、疾病救济费时，还要注意"不能低于当地最低工资标准的80%"这一规定的含义，这指的是实得收入，即如果病假工资正好是最低工资标准的80%，那么个人应当依法缴纳的社会保险费、住房公积金则应由用人单位另行支付。此外，对于病假待遇高于上海市上年度月平均工资的情况"可按本市上年度月平均工资计发"，是指用人单位可以按上海市上年度月平均工资计发。但如果用人单位按高于上海市上年度月平均工资确定病假工资和疾病救济费，仍然有效。

培训任务四

劳动合同解除纠纷处理

劳动合同解除纠纷是指劳动关系双方当事人对劳动合同解除是否合法存在分歧而引发的纠纷。劳动合同的解除，意味着劳动关系的结束，无论何种原因导致劳动合同解除，都会对当事人权益造成较为严重的影响。因此，解除劳动合同很容易引发劳动关系纠纷。本章将重点介绍五类常见的劳动合同解除纠纷，包括试用期解除纠纷、严重违纪解除纠纷、医疗期满解除纠纷、不能胜任工作解除纠纷、客观情况变化解除纠纷。

学习单元 1

试用期解除劳动合同纠纷

> **法条链接**
>
> 《劳动合同法》
>
> 第二十一条 在试用期中,除劳动者有本法第三十九条和第四十条第一项、第二项规定的情形外,用人单位不得解除劳动合同。用人单位在试用期解除劳动合同的,应当向劳动者说明理由。
>
> 第三十九条 劳动者有下列情形之一的,用人单位可以解除劳动合同:
>
> (一)在试用期间被证明不符合录用条件的;
>
> ……

试用期是劳动者和用人单位双方相互适应、考察的阶段,相对于正式用工阶段而言,试用期的劳动关系存在一定的不确定性,双方需要经过磨合才能决定是否建立长期的劳动关系。对试用期解除劳动合同,目前存在一些误区,主要是有些用人单位误认为试用期可以随意解除劳动合同,不需要任何条件,也无须支付经济补偿,这导致了试用期解除劳动合同纠纷时有发生。

劳动关系纠纷处理

一、相关法律规定解读

1. 试用期不得随意解除劳动合同

法律对于用人单位与试用期劳动者解除劳动合同，作了相比"正式期"更宽松的规定，即只要能够证明劳动者不符合录用条件即可解除。但法律又规定，如果不能证明劳动者不符合录用条件，就只有在劳动者有法律规定的情形时，用人单位才可以解除劳动合同，否则不得解除。这些情形包括《劳动合同法》第三十九条规定和第四十条第一项、第二项规定（劳动者患病或者非因工负伤超过规定医疗期、不能胜任工作）。这就说明，用人单位在劳动者试用期内解除劳动合同确实较正式期灵活，但并不是可以无条件随意解除。

2. "不符合录用条件"是唯一专门适用于试用期的解除情形

试用期解除情形包括《劳动合同法》第三十九条规定和第四十条第一项、第二项规定。其中，第三十九条第一项以外的其他解除情形均是可以适用于正式员工一般解除情形，只有第一项"不符合录用条件"属于专门针对试用期的解除情形。

相关案例

试用期解除劳动合同纠纷

【案情介绍】

2012年7月1日，李小姐应聘入职某广告公司，签订了二年期限的劳动合同，其中约定2012年7月1日至2012年8月31日为试用期。李小姐入职后，参加了公司组织的新员工培训。培训课程内容包括劳动合同、员工手册、岗位工作基本技能和要求。员工手册载明："在试用期内，经综合评定未达到60分的，属于不符合录用条件，公司将解除劳动合同。"试用期届满前，公司对新员工进行了综合评定，李小姐的评定成绩为56分，未能达到公司规定的合格分数线。2012年8月25日，公司以"试用期不符合公司录用条件"为由，与李小姐解除劳动合同。李小姐提出延长三个月的试用期，公司未同意。李小姐遂向劳动争议仲裁委员会申请仲裁，要求恢复劳动关系。

【案件评析】

本案争议焦点：该广告公司与李小姐解除劳动合同的理由是否成立？

公司认为，试用期综合评定合格是公司规定的录用条件之一，在员工手册中有明文规定，且告知了李小姐。李小姐的试用期综合评定未合格，属于"不符合录用条件"，公司据此与其解除劳动合同并不违反相关法律规定。

李小姐认为，其未通过公司的试用期综合评定存在偶然因素，并无主观过错，公司应当给予本人弥补的机会，适当延长试用期。

该公司的录用条件之一是"试用期综合评定合格"，同时公司将包含此规定的员工手册告知了包括李小姐在内的新员工。而李小姐认为评定不合格非主观原因所致，并以此为由提出延长试用期的请求，于法无据。

按照《劳动合同法》第三十九条规定，劳动者在试用期内被证明不符合录用条件的，用人单位可以解除劳动合同。公司经过民主程序制定的员工手册中对录用条件作了明确规定，并告知了李小姐。李小姐未能达到公司规定的合格分数线，公司据此与李小姐解除劳动合同并无不当。

二、试用期解除纠纷的处理与预防

1. 不符合录用条件应当在试用期内提出

《劳动合同法》根据劳动合同期限的不同，对劳动者试用期的最长时限作了规定，劳动合同期限三个月以上不满一年的，试用期不得超过一个月；劳动合同期限一年以上不满三年的，试用期不得超过二个月；三年以上固定期限和无固定期限的劳动合同，试用期不得超过六个月。企业以劳动者不符合录用条件为由解除劳动合同的，应当在试用期内提出。试用期满，企业还没有与劳动者解除劳动合同的，意味着劳动者成为企业的正式员工，企业不得再依据"不符合录用条件"与其解除劳动合同。

2. 对同一劳动者只能试用一次

《劳动合同法》规定，同一用人单位与同一劳动者只能约定一次试用期。企业重复、多次或者延长约定试用期的行为均属于违法行为。为达到试用期的考察目的，企业应当完善试用期的相关管理规定和考核制度，严格在试用期内考察员工，防止出现"多次"试用情况。

3. "录用条件"设置应当合法、合理和可操作

劳动者在试用期间被证明不符合录用条件的，企业可以与其解除劳动合同。因此，

关于录用条件的设置，成为企业解除行为是否合法的重要依据。录用条件设置应当注意三个方面：一是合法，避免出现法律政策禁止的行为，如不得设置有关性别、年龄、婚姻、生育等方面的歧视性条件；二是合理，录用条件应当与新招录劳动者的工作能力和水平相匹配；三是具体明确，录用条件的设置应当具体明确，方便企业对劳动者进行评价和考核。

4. "录用条件"应当告知入职劳动者

"录用条件"应当是经过公布、为用人单位和劳动者所共知的，而不是用人单位单方面认定的标准。录用条件既可以单独设置，也可以通过招聘简章、劳动合同、规章制度等其他形式予以规定，企业应当将录用条件告知入职劳动者。

5. 考核程序应当明确

用人单位要证明劳动者是否符合录用条件，必须依据劳动者在试用期内的工作表现，根据已设置的录用条件，经过一定的考核程序，得出符合事实的结论，不能凭主观臆断，否则容易引发纠纷。

学习单元 2

严重违纪解除劳动合同纠纷

法条链接

《劳动法》
➢ 劳动者应当完成劳动任务,提高职业技能,执行劳动安全卫生规程,遵守劳动纪律和职业道德。

《劳动合同法》
第四条 用人单位应当依法建立和完善劳动规章制度,保障劳动者享有劳动权利、履行劳动义务。

第三十九条 劳动者有下列情形之一的,用人单位可以解除劳动合同:
……
(二)严重违反用人单位的规章制度的;
(三)严重失职,营私舞弊,给用人单位造成重大损害的;
……

用人单位为了维护生产经营活动的正常开展,要求劳动者在制度规范下从事劳动,通常称之为"遵守用人单位的各项劳动规章制度"。一旦劳动者违反了这类规章制度,就要承担相应的责任,违反规章制度达到一定的程度,对用人单位造成严重危害和损失,劳动关系就难以维系,会导致劳动合同的解除。法律既赋予了用人单位在劳动者违纪情形下可以解除劳动合同的权利,又对这种权利进行了限制,严重违纪解除纠纷是当事人对解除行为的实体或程序的合法性发生分歧而产生的纠纷。

一、相关法律规定解读

1. 劳动者应当遵守各项规章制度

劳动关系是一种建立在高度信赖基础上的法律关系。在劳动关系存续期间,劳动者自愿将劳动力使用权让渡给用人单位,接受用人单位的指挥、控制和管理,因此对用人单位负有忠诚义务。忠诚义务是劳动者应当遵循的最基本的职业操守。根据忠诚义务,劳动者应当恪尽职守、维护单位利益、遵守单位各项劳动规章制度和职业道德。

2. 用人单位有权利也有义务制定相应的规章制度

规章制度是用人单位制定的组织劳动过程和进行劳动管理的规则和制度的总和。一方面,劳动合同的履行主要体现为用人单位对劳动者实施动态管理,为使管理行为正常开展,用人单位有权制定各项规章制度,这是用人单位行使指挥管理权的体现;另一方面,单位的指挥管理权应当在一定的制度约束下行使,劳动者的劳动行为也应当有章可循,因此制定相应的规章制度又是用人单位必须履行的义务。

3. 违纪解除必须达到"严重"程度

用人单位单方面解除劳动合同是对违反劳动纪律的劳动者所作的最严厉处置。法律授予用人单位这个权利,但同时作了限制,即劳动者违反规章制度必须达到"严重"的程度,或者因严重失职、营私舞弊而给用人单位造成的损害必须达到"严重"的程度。对于劳动者轻微的违纪行为,可以处分,但不能随意解除劳动合同。

严重违纪解除劳动合同纠纷

【案情介绍】

2016年3月,王小姐进入某房产中介公司工作,岗位是物业顾问,每月工资4 000元。公司制定的规章制度包括工作纪律、考勤制度和奖惩办法,其中有"员工不得扰乱公司正常的经营秩序,如有违反属严重违反工作纪律""凡严重违反规章制度、工作纪律可立即解除劳动合同"。对这些制度规定,王小姐在入职时均由公司告知并签字认可。

2016年12月，王小姐收到公司开出的一张处罚决定书，称王小姐纪律意识淡薄，中午用餐和休息超时，还经常迟到早退，给予书面警告一次（按公司奖惩办法，书面警告三次的可以解除劳动合同）。王小姐不服，找公司领导交涉无果。一周后，王小姐与其母亲再找公司领导评理，态度激烈，最后与公司保安发生了肢体冲突，并损坏了公司办公物品。公司报警，经警方到场处置才平息了冲突。次日，公司向王小姐发出了解除劳动合同通知书，称王小姐违反公司劳动纪律，拒不接受处理，扰乱公司正常的经营秩序，依据公司奖惩办法规定，作出解除劳动合同的决定。

王小姐不服，向劳动争议仲裁委员会申请仲裁，要求公司支付违法解除劳动合同的赔偿金。

【案件评析】

本案争议焦点：王小姐的行为是否构成严重违纪，单位以此解除劳动合同是否合法？

王小姐认为，自己的确偶有中午用餐和休息超时行为，但此现象在公司其他员工身上也有发生，公司并没有一律追究。对她的处罚是小题大做，是对她故意刁难。公司规章制度并未规定不得由亲属陪同与公司交涉，交涉中态度激烈也不是自己一方的原因造成的。因此，公司据此解除劳动合同违反了法律相关规定，应当支付违法解除劳动合同赔偿金。

公司认为，王小姐中午用餐和休息超时事实成立，公司对其处罚符合规章制度的规定，王小姐不服处罚，由母亲陪同到公司吵闹，态度恶劣，不听劝告，严重扰乱了公司正常经营秩序，公司依据奖惩办法与其解除劳动合同并无不当。

本案中，单位规章制度、劳动纪律、奖惩办法俱全，相关内容没有与法律法规相抵触，在制定时经过了法定的民主程序，并告知了包括王小姐在内的全体员工，符合法律规定的规章制度有效的三要素。王小姐违反工作纪律和扰乱公司正常经营秩序事实成立，其提出的公司未对同样行为一律对待，仅对其作出处罚是故意刁难的说法，不足以抗拒公司解除劳动合同的决定。

基于用人单位规章制度有效，王小姐违纪事实成立，单位依据规章制度规定解除劳动合同与法不悖。

二、严重违纪解除纠纷的预防与处理

1. 完善和运用好内部规章制度

（1）内容合法。用人单位有权制定内部规章制度，也就是说制定规章制度是用人单位的管理自主权。但是，规章制度必须依法制定，不能与法律法规相抵触，如果抵触则无效。由于劳动关系涉及诸多法律法规，既涉及劳动合同法，也涉及社会保险法、安全生产法、妇女权益保障法、人口与计划生育法、工会法，甚至还涉及治安管理法等。例如，"员工应无条件服从加班安排""社会保险费由职工自行缴纳""发生工伤概不负责""入职三年内不得生育""合同期未满辞职必须支付违约金"等规定都是违法的。不能以为不管什么内容，只要管理层认为有必要，员工一时没有反对就可以畅行无阻。一旦发生纠纷，劳动争议仲裁机构和人民法院对违法的制度条款将裁决为无效。

（2）程序合规。《劳动合同法》第四条规定，用人单位在制定和修改有关劳动报酬、工作时间、休息休假、劳动安全卫生、保险福利、职工培训、劳动纪律、劳动定额管理等涉及劳动者切身利益的规章制度时，应当经职工代表大会或者全体职工讨论，提出方案和意见，与工会或者职工代表平等协商确定。这就是制定规章制度的民主程序。经过民主程序制定规章制度，是保证规章制度合法性和企业内部民主管理制度有效实施的措施之一，通过对用人单位对劳动者行使管理权进行必要的监督，防止权力滥用。如果制定规章制度时民主程序缺失，将会对规章制度的有效性产生严重影响。

（3）公之于众。用人单位制定内部规章制度的目的是为了让劳动者遵照执行，因此规章制度必须公之于众，让劳动者充分知晓。如果制定的规章制度只是存入档案，未告知劳动者，那么这样的规章制度就不会对劳动者发生效力。规章制度公示和告知的方法有多种，传统的如在单位内部醒目处张榜招贴、发放载有规章制度的员工手册、通过培训广而告之等。随着互联网的普遍运用，有些单位采用局域网公布或发送电子邮件的方式向员工告知内部规章制度。不论采用传统方式还是现代方式，重要的是确保员工知晓以及一旦发生纠纷能够证明单位已经履行告知义务。

2. 事实认定清楚

因劳动者严重违纪而解除劳动合同首先是违纪事实的认定，确实存在违纪事实是处罚员工的前提。违纪事实的认定需要有确凿的证据，不能仅凭印象或似是而非、捕风捉影的传闻，有时甚至可能确实存在违纪事实而因缺乏有力的证据而无法认定。

3. 合情合理

规章制度内容除了要合法合规，还要做到合情合理。有些内容法律没有相应的规定，似乎不会涉及违法的问题，但也并不能随意制定。除了涉及用人单位生产经营特殊性的方面外，对于一般的行为要求符合常理，使劳动者能够接受，不能过于严厉。例如，有的用人单位为了防止员工无故缺勤、确保员工工作效率，在规章制度中规定旷工一天、迟到两次或上班瞌睡三分钟即为严重违纪，就可解除劳动合同，这就因过于严厉而显得不合情理，容易引发纠纷。

4. 及时处理

员工严重违反劳动纪律以后，用人单位欲追究其责任，尤其要解除劳动合同的，应当及时处理，不应拖延。长时间的拖延意味着对其行为的默认、对其错误的豁免。拖延也会造成调查的困难和证据的灭失，为以后的处理带来障碍，甚至导致无法处理。因此，及时调查、及时收集和固化证据、及时依法依规作出处理，是妥善处理纠纷、避免事态进一步扩大的有效途径。

5. 依据规章制度但不唯规章制度

以劳动者严重违纪为由解除劳动合同必须严格依照规章制度。但规章制度不可能将所有的过错行为都包括在内。有些公认的不当行为也不必在规章制度中再作规定。认为只要规章制度没有明文禁止就可以做的观点是错误的。例如，打架斗殴、偷窃纵火等违反社会治安的行为，欺骗他人、损坏公物等有违公序良俗的行为，即使规章制度没有明文禁止，员工仍然不能去做。

学习单元 3

医疗期满解除劳动合同纠纷

法条链接

《劳动合同法》

➢ 劳动者患病或者非因工负伤，在规定的医疗期满后不能从事原工作，也不能从事由用人单位另行安排的工作的，用人单位提前三十日以书面形式通知劳动者本人或者额外支付劳动者一个月工资后，可以解除劳动合同。

《企业职工患病或非因工负伤医疗期规定》

第三条 企业职工因患病或非因工负伤，需要停止工作医疗时，根据本人实际参加工作年限和在本单位工作年限，给予三个月到二十四个月的医疗期：

（一）实际工作年限十年以下的，在本单位工作年限五年以下的为三个月；五年以上的为六个月。

（二）实际工作年限十年以上的，在本单位工作年限五年以下的为六个月；五年以上十年以下的为九个月；十年以上十五年以下的为十二个月；十五年以上二十年以下的为十八个月；二十年以上的为二十四个月。

《关于本市劳动者在履行劳动合同期间患病或者非因工负伤的医疗期标准的规定》

➢ 医疗期按照劳动者在本用人单位的工作年限设置。劳动者在本单位工作

> 第1年，医疗期为3个月；以后工作每满1年，医疗期增加1个月，但不超过24个月。

在履行劳动合同过程中，劳动者可能会因患病或非因工负伤需要治疗和休息而无法提供正常劳动，法律规定用人单位不得以此为由立即解除劳动合同，而应当给予停工治疗和休息的时间。劳动者在经过一段时间的治疗休息后仍然不能正常工作的，用人单位可以解除劳动合同，这就是所谓的"医疗期制度"。由于此种解除程序要求较高，劳动者又无过错，因此比较容易引发纠纷。

一、相关法律规定解读

1. 医疗期的概念

医疗期是指劳动者患病或者非因工负伤停止工作治病休息，用人单位不得因此解除劳动合同的期限。劳动者患病或者非因工负伤需要治疗休息的时间由医生决定，但用人单位不能永远维持这种不提供劳动而保持劳动关系的状态，因此法律赋予用人单位在规定条件下解除劳动合同的权利。换句话说，如果用人单位不会因为劳动者患病或非因工负伤而解除劳动合同，则医疗期就没有意义了。

2. 医疗期的算法

医疗期按照劳动者在本用人单位的工作年限设置。劳动者初入职第一年，可享受三个月的医疗期。"以后工作每满一年，医疗期增加一个月"是指工作第一年满了以后，从第二年开始再工作满一年，即劳动者入职工作的第二年，医疗期仍然是三个月，第三年开始可以享受四个月医疗期。此外，劳动者医疗期内的病休时间按累计方式计算，即在劳动者工作期间的任何一个时间点上考量是否超过医疗期，应将其全部病休时间累计计算。

3. 用人单位需要安排劳动者从事其他工作

按照法律规定，劳动者医疗期满以后不能从事原来的工作，用人单位并不能立即解除劳动合同，而必须安排其从事其他相对简单的工作。劳动者仍然因身体原因不能从事该工作，用人单位才可以解除劳动合同。当然，如果劳动者医疗期满，根据医疗部门意见或者员工表示不能到单位上班，则一般可视为不能从事原来的工作也不能从事另行安排的工作。

4. 解除劳动合同需要提前三十日通知或支付代通金

按照法律规定，用人单位以医疗期满后不能从事原工作，也不能从事另行安排的工作为理由解除劳动合同，必须提前三十日以书面形式通知劳动者。如果要求即行解除劳动合同，则必须额外支付劳动者一个月的工资以代替提前通知期，这就是通常所称的"代通金"。同时，用人单位还必须按照法律规定，支付劳动者解除劳动合同的经济补偿。

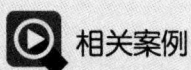相关案例

医疗期满解除劳动合同纠纷

【案情介绍】

李某于2016年1月5日进入某运输公司，从事装卸工作，每月工资5 000元。双方签订的劳动合同期限自2016年1月5日起至2016年12月31日止。2016年6月1日，李某因身体不适至医院就诊，医生确诊其患肝脏疾病。经住院治疗后，李某的病情得到了控制。在其医疗期满时，李某向单位提出可以恢复工作，但要求安排至工作强度较低的岗位。单位认为，目前尚无适合李某工作的其他岗位，通知李某仍按原工作岗位上班。李某感到身体状况无法从事装卸工作，要求公司允许其延长医疗期，继续休息。公司认为李某医疗期已满，且不能继续从事工作，于2016年10月9日以李某医疗期满不能从事原工作为由解除了劳动合同。李某向劳动争议仲裁委员会申请仲裁，要求公司支付违法解除劳动合同的赔偿金。

【案件评析】

本案争议焦点：李某医疗期满不能从事原来的装卸工作，公司是否可以就此解除劳动合同？

李某认为，自己患有肝脏疾病，在没有痊愈的情况下回公司工作，无法从事劳动强度很大的装卸工作，希望公司安排较轻的工作合情合理，公司当即解除劳动合同违反了法律的相关规定。

公司认为，在李某患病休息期间，公司依法支付其病假工资并继续缴纳社会保险费，做到了尽力保障其权益。但企业追求经济效益，无法长期负担患病职工，企业也没有其他合适的岗位可供安排，因此其医疗期满解除劳动合同并无不当。

本案中，该运输公司在处理李某医疗期满解除劳动合同问题上忽略了法律"也不能从事用人单位另行安排的工作"这一规定条件。基于李某医疗期满后，

> 因身体原因无法从事原装卸工作，按照法律规定单位不能直接与其解除劳动合同，而是应当为其另行安排其他合适的工作。由于单位未履行这一必要程序而直接解除了与李某的劳动合同，因此单位的解除行为违法。

二、医疗期满解除纠纷的预防与处理

1. 加强病休管理

按照规定，在考量劳动者病休时间是否超过规定医疗期时，其病休时间是累计计算的，即从劳动者最初入职那一天起，其提交的第一张病假证明，就进入累计计算范围了。因此，用人单位应当加强劳动者病休管理，保存好劳动者递交的病假证明，做好劳动者病休记录，作为以后处理医疗期满问题时的依据，避免发生纠纷。

2. 做好医疗期满劳动者的工作安排

根据法律规定，劳动者医疗期满不能从事原工作，只有在另行安排其工作仍不能从事的情况下才能解除劳动合同，用人单位要应对好这一问题。一般情况下，即使很难预先留出合适的岗位来安排医疗期满不能从事原工作的劳动者，也要尽量设法作出安排，或者经与劳动者协商一致，适当延长医疗期。未经另行安排工作直接解除劳动合同极易引发纠纷。

3. 医疗期满仍不能上班的劳动者的处理办法

在处理用人单位未另行安排工作与劳动者医疗期满不能从事原工作解除劳动合同引发的纠纷时，应当注意，如果劳动者病情严重，医疗期满后不能到单位上班（如需要继续住院治疗），则用人单位根本无法对其另行安排工作，这种情况应当视为"不能从事原工作，也不能从事用人单位另行安排的工作"，用人单位可以解除劳动合同。

4. 完全丧失劳动能力的劳动者的处理办法

对于劳动者罹患严重疾病或非因工负伤伤情严重，可以提请劳动能力鉴定委员会对其劳动能力进行鉴定，经鉴定为完全丧失劳动能力的，可以按规定办理退休、退职。如果完全丧失劳动能力又不符合退休、退职条件的，就应当延长医疗期，延长的期限由用人单位与劳动者通过协商约定。相关政策规定，约定延长医疗期的期限与劳动者原来应当享受的医疗期期限合计不得低于二十四个月。

学习单元 4

不能胜任工作解除劳动合同纠纷

> **法条链接**
>
> 《劳动合同法》
> ➢ 劳动者不能胜任工作,经过培训或者调整工作岗位,仍不能胜任工作的,用人单位提前三十日以书面形式通知劳动者本人或者额外支付劳动者一个月工资后,可以解除劳动合同。

劳动者的工作能力有高低,实践中会发生劳动者因工作能力原因不能胜任本职岗位工作,完不成工作任务的情况。法律允许用人单位在此情形下,经过一定的步骤和程序解除劳动合同。但这也是在劳动者并无过错的情形下解除劳动合同,因此这种解除引发纠纷的可能性很大。

一、相关法律规定解读

1. 培训或者调岗是不能胜任工作解除劳动合同的必经程序

以劳动者不能胜任工作为由解除劳动合同,是法律规定的用人单位可以在劳动者无过错情况下解除劳动合同的条件之一。这条规定的要点在于,用人单位对于不能胜任工作的劳动者，必须经过培训或者调整工作岗位，仍然不能胜任的，方可解除劳动合同。

2. 培训或者调岗只需要满足一项即可

用人单位对于不能胜任工作的劳动者，可通过培训提高其工作能力，使其能够胜任原工作，也可调整其工作岗位，让其从事技术要求低一些的工作。这两种措施只需要采取一种即可，不必重复进行。

3. 需要提前三十日通知或支付代通金

因为是在劳动者无过错情况下解除劳动合同，因此与前面所述医疗期满解除劳动合同一样，应当提前三十日书面通知劳动者，或额外支付劳动者一个月的工资以代替提前通知期，同时还必须按照法律规定，支付劳动者解除劳动合同的经济补偿。

相关案例

不能胜任工作解除劳动合同纠纷

【案情介绍】

张小姐于2013年3月13日进入A公司，从事原材料控制岗位工作。2014年、2015年公司对张小姐的绩效考核结果均为"远低于要求"，绩效反馈表均经张小姐本人签字确认。公司认为虽然张小姐连续两年绩效考核不合格，但仍有提高的可能，因此为张小姐分别制订了两轮绩效改进计划，帮助其提高工作能力。此后，公司还让张小姐参加了由上级总公司组织的"原材料成本分析系统培训班"。但2016年绩效考核结果显示，张小姐的工作业绩仍然达不到要求。

2017年3月，公司向张小姐发出解除劳动合同通知书：因张小姐2014年、2015年的绩效考核不合格，经过两轮"绩效改进计划"的帮助和总公司的专门培训，其2016年的绩效考核仍未达到岗位工作要求，公司决定与其解除劳动合同。公司将依法支付解除劳动合同的经济补偿，并额外支付张小姐一个月工资作为代替提前一个月通知的费用。

张小姐不服公司解除劳动合同的决定，向劳动争议仲裁委员会申请仲裁，要求撤销公司解除劳动合同的决定，恢复劳动关系。

【案件评析】

本案争议焦点：A公司以张小姐不能胜任工作为由解除劳动合同的行为是

否符合法律规定?

张小姐认为,自己自从进入公司以来,工作始终兢兢业业,没有违反规章制度的行为。年度绩效考核结果不理想,存在多方面的原因,并非完全因为自己不努力。公司不顾自己总体工作情况,仅凭年度考核结果就决定解除劳动合同不近情理。

公司认为,张小姐连续两年绩效考核不合格,说明其工作能力达不到要求,公司对其进行了两轮绩效改进计划帮助,并对她进行了专门的培训,但张小姐的工作能力仍然达不到公司的要求,因此与其解除劳动合同并无不当。

本案中,公司的年度绩效考核结果证明张小姐不能胜任本岗位工作。但公司并没有立即与张小姐解除劳动合同,而是通过专门培训等方式帮助其提高工作能力,但一年以后,张小姐的年度绩效考核结果仍然达不到公司的要求,公司因此解除劳动合同符合法律"经过培训"的规定。张小姐认为自己工作认真、没有主观过错,公司不能以此解除劳动合同的主张不能成立。

基于张小姐不能胜任工作的事实成立,公司对其进行了旨在提高其工作能力的专门培训,在张小姐仍然不能胜任原岗位工作的情况下解除劳动合同,与法不悖。

二、不能胜任工作解除纠纷的处理与预防

1. 要注意岗位与员工能力的匹配性

安排员工工作时,要量才而用,要注意尽量使岗位与员工的实际工作能力相匹配,避免要求员工从事难以胜任的工作,减少"不能胜任工作"情形的发生。

2. 不能胜任工作的标准应当具体明确、客观合理

(1)对于劳动者是否胜任工作要有明确的衡量标准,通常通过制度化的考核来体现,不能仅凭感觉或短期的工作业绩。一些单位"末位淘汰制"考核方式,作为拉开分配差距的依据是可以的,但以此为理由解除劳动合同就于法无据了,排名末位只能说明其工作不如其他人,并不能证明其不能胜任工作。

(2)认定劳动者不能胜任工作依据的标准,应当是用人单位与劳动者签订的劳动合同中明确的或制度化的工作要求。用人单位不能故意提高工作要求,使劳动者无法完成而造成"不能胜任"的假象。

3. 培训或调岗要有针对性

对不能胜任工作的劳动者进行培训或岗位调整，应当注意针对性要强。培训是为提高工作能力的培训，而不是一般的常规培训；调整的岗位应当是比原岗位技术要求低或更适合的岗位，而不能为了走程序而随意调整。

学习单元 5

客观情况变化解除劳动合同纠纷

> **法条链接**
>
> 《劳动合同法》
>
> ➤ 劳动合同订立时所依据的客观情况发生重大变化，致使劳动合同无法履行，经用人单位与劳动者协商，未能就变更劳动合同内容达成协议的，用人单位提前三十日以书面形式通知劳动者本人或者额外支付劳动者一个月工资后，可以解除劳动合同。

劳动合同履行过程中，可能会出现订立合同时所依据的外部条件或内部经营情况发生变化的情形。如果变化不大，则不影响合同的继续履行。但如果发生重大变化，致使劳动合同无法继续履行，则可能导致用人单位解除劳动合同。由于这种解除完全由于客观原因造成，且由用人单位一方启动，因此较易引发纠纷。

一、相关法律规定解读

1. 客观情况

所谓客观情况，应当是指用人单位主动的经营行为以外的情况，往往具有不可预见性和不可抗力性。原劳动部办公厅印发的《关于〈中华人民共和国劳动法〉若干条文的说明》中对"客观情况"的说明是:"发生不可抗力或出现致使劳动合同全部或部分条款无法履行的情况,如公司迁移、被兼并、公司资产转移等。"实践中,一般将单位内部的部门、岗位调整裁撤等情形,也归入客观情况发生变化之列。

2. 重大变化

何为重大变化,变化达到何种程度才称得上"重大",法律没有规定,也很难作出量化的规定。实践中,界定符合法条规定情形的标准一般落在是否"致使劳动合同无法履行"这一点上,如果导致劳动合同无法履行的,可以视为情况发生了重大变化。一般不单独对是否"重大"作出判断。

3. 协商变更

此处的协商变更劳动合同与一般情况下一方出于主观意愿提出变更合同不同。一般情况下,如果协商不一致,则继续履行原劳动合同;而客观情况变化时,协商变更劳动合同是为了使原本无法履行的劳动合同变得可以履行,因此,如果协商不成将导致劳动合同的解除。

4. 需要提前三十天或者支付代通金

因为是在劳动者无过错情况下解除劳动合同,因此与前面所述医疗期满解除劳动合同、不能胜任工作解除劳动合同一样,应当提前三十日书面通知劳动者,或额外支付劳动者一个月的工资以代替提前通知期,同时还必须按照法律规定,支付劳动者解除劳动合同的经济补偿。

岗位裁撤纠纷

【案情介绍】

施某于2013年3月入职H公司,公司与其签订了三年期的劳动合同。施某的岗位是A系列品牌销售培训专员。

2015年9月17日,公司人力资源部门通知施某,因为市场原因公司调整了经营方向,不再销售A系列品牌产品,因此撤销了施某从事的销售培训专员岗位。由于公司一时没有其他合适岗位可提供,考虑与施某解除劳动合同。施某表示,虽然A系列品牌停止销售,但是其他类似品牌还在销售,只要稍加学习，自己可以适应新的岗位，不同意解除劳动合同。

2015年9月23日，H公司向施某发出了解除劳动合同通知书，载明："由于公司业务状况及组织架构发生重大变化，你从事的销售培训专员岗位已正式撤销，公司无法安排其他岗位。公司曾多次与你沟通，试图协商解除劳动合同，但未能与你达成一致。现依据法律有关规定，决定与你解除劳动合同，公司将按照你的在职年限支付你经济补偿。"

施某不服公司的解除决定，向劳动争议仲裁委员会申请仲裁，要求H公司支付违法解除劳动合同赔偿金。

【案件评析】

本案争议焦点：H公司在施某原从事的工作岗位被撤销后解除劳动合同的行为是否符合法律规定？

施某认为，公司调整产品结构，自己原从事的工作岗位消失是事实，但公司应该给自己另行安排合适的岗位。公司直接解除劳动合同，违反了法律规定。

H公司认为，公司迫于市场原因调整产品结构，施某原从事的岗位被撤销应属客观情况变化，公司注重效益管理，确实没有合适的岗位可供施某换岗继续工作，愿意在支付经济补偿的前提下与其解除劳动合同，并无不妥。

本案中，H公司根据市场情况调整产品结构，施某原岗位被撤销，导致原劳动合同无法继续履行，符合"客观情况发生重大变化"。但H公司没有向施某提供其他岗位来协商变更劳动合同，而是直接解除劳动合同。虽然形式上有过协商，但目的却是解除劳动合同，在施某不同意的情况下，H公司单方面解除劳动合同违反了法律规定。

基于用人单位在"客观情况发生重大变化"的情况下，没有以促使劳动合同继续履行为目的与施某进行协商，而是直接解除了劳动合同，违反了《劳动合同法》第四十条第三项规定。

单位搬迁纠纷

【案情介绍】

2010年5月，李某进入位于上海市某区的某五金加工公司，从事电焊工工作。公司与其签订了为期三年的劳动合同。

2011年8月，由于某区产业结构调整，对五金加工企业不再给予税收优惠，公司遂决定搬迁至相邻工业区。为了搬迁后能够确保生产经营的正常开展，公司希望原公司职工能够随公司搬迁到新址工作。考虑到员工去新址上班路程增加的情况，公司采取了提供员工上下班班车、发放交通补贴等措施。公司就此问题与工会进行了沟通协商，并向全体员工说明了情况，大部分员工表示愿意前往新址继续工作。但李某等几名员工却拒绝去新址上班，公司依据规章制度解除劳动合同，李某等人要求公司支付经济补偿，公司予以拒绝。李某等人遂向劳动争议仲裁委员会申请仲裁，要求公司支付解除劳动合同的经济补偿。

【案件评析】

本案争议焦点：公司在此情形下解除李某等人的劳动合同是否需要支付经济补偿？

李某等人认为，公司搬迁系公司原因造成，员工无责任，员工应当有选择去与不去新址上班的自由，如果不去，公司应当给予经济补偿。

公司认为，公司搬迁是所在地区产业结构调整所致，虽然员工到新址上班路程有所增加，但公司为此采取了诸多补救措施，员工去新址上班是可以做到的，大部分员工都同意了公司的安排，李某等人过分强调个人困难，提出享受经济补偿的要求不合理，公司不能接受。

本案中，五金加工公司的搬迁行为，使劳动合同的履行地发生了变化，但公司采取了诸多措施，使劳动合同可继续履行。李某等人在劳动合同可以继续履行的情况下不履行，并要求公司支付解除劳动合同的经济补偿并不符合法律规定。

二、客观情况变化解除纠纷的预防与处理

1. 客观情况变化后要积极、妥善应对

客观情况发生变化通常是难以预测的，预防纠纷的重点应当放在发生之后。一旦客观情况发生重大变化，企业可首先考虑在可操作范围内将变化影响降到最低，如通过安排班车、提供交通补贴等改善措施确保原劳动合同可以继续履行，若企业无法提供该类措施使劳动合同可以继续履行的，则企业应当与劳动者协商变更原劳动合同的内容，如果企业与员工就变更劳动合同达成一致的，则双方按变更后的劳动合同履行；若双方无法就变更劳动合同达成一致意见的，则企业可以提前三十天通知员工，解除劳动合同，并支付经济补偿。

2. 客观情况变化并不必然导致劳动合同解除，要避免将解除情形扩大化

（1）要防止走入一旦客观情况发生变化，导致劳动合同无法履行就可以无条件解除劳动合同的误区。只有在与劳动者就变更劳动合同，使劳动合同能够继续履行进行协商后，不能达成一致，方可解除劳动合同，并支付劳动者经济补偿。不能直接解除劳动合同。

（2）要引导劳动者防止走入只要客观情况发生变化，即可解除劳动合同获得经济补偿的误区。只要通过协商变更劳动合同相关内容，使原本无法履行变得可以履行，劳动者就应当尽力履行劳动合同，在此情况下强行解除劳动合同索要经济补偿是没有法律依据的。

培训任务五

劳动合同终止纠纷处理

劳动合同终止与劳动合同解除的法律后果相同，都是劳动关系的终结。劳动合同终止是劳动合同因期满、工作任务完成、一方主体资格消灭而丧失效力，致使劳动关系结束。本章主要介绍实践中比较常见的两类劳动合同终止纠纷：劳动合同期满终止纠纷和用人单位主体消灭致劳动合同终止纠纷。

学习单元 1

劳动合同期满终止纠纷

> **法条链接**
>
> 《劳动法》
> 第二十三条 劳动合同期满或者当事人约定的劳动合同终止条件出现,劳动合同即行终止。
> 《劳动合同法》
> 劳动合同期满的,劳动合同终止。

固定期限劳动合同期满,双方当事人未能就续订劳动合同达成一致的,劳动合同到期终止,双方劳动关系结束。劳动合同期满终止纠纷主要是由于一些操作性问题而引发的。

一、劳动合同期满终止要点解读

1. 劳动合同期满是劳动合同终止的法定事由之一

对于固定期限的劳动合同和以完成一定的工作为期限的劳动合同,其劳动合同起始和终止的时间(双方保持劳动关系的时间)是双方事先约定的;一旦约定期满,就意味着劳动合同约定的权利和义务内容已经履行完毕,如果双方愿意继续维持劳动关系,则必须再续订劳动合同,只要一方没有再维持劳动关系的意向,劳动合同就即行终止了。

2. 劳动合同终止的实质是劳动关系的结束

书面劳动合同是劳动关系的外在形式之一。"劳动合同期满的,劳动合同终止"应当理解为:书面劳动合同期满当事人不续订书面劳动合同的,劳动关系终止;书面劳动合同期满当事人续订书面劳动合同的,劳动关系并不终止而是继续保持下去。

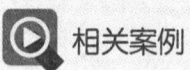相关案例

劳动合同期满终止纠纷

【案情介绍】

2017年5月8日,王某进入某咨询管理公司工作,双方签订期限为2017年5月8日至2019年6月30日的劳动合同。2019年6月20日,公司提出本期劳动合同到期后按照双方原合同约定的条件续订劳动合同,王某提出续订劳动合同要加薪10%,但公司不同意,双方未能就续订劳动合同达成一致。2019年6月30日,劳动合同到期,公司通知王某办理离职手续,公司未向其支付经济补偿。王某与公司协商未果,于2019年8月23日向劳动争议仲裁委员会申请仲裁,要求公司支付2.5个月工资的经济补偿。

【案件评析】

本案争议焦点:劳动合同期满终止后,单位是否需要支付经济补偿?

公司认为:公司同意在本期劳动合同期满后,按照原劳动合同约定的条件续订劳动合同,并于2019年6月20日与王某协商。但是王某要求续订劳动合同时加薪10%,公司不能接受。因此,劳动合同未能续订的原因在王某,公司不应当支付经济补偿。

王某认为:其在公司工作的两年内,勤勉敬业,工作业绩突出,有目共睹;按照一般的市场工资规则,随着工作年限的增加,劳动合同续订时适当加薪也是合理的。公司在简单拒绝的情况下终止劳动合同,不能续订的原因在公司,公司应当支付经济补偿。

对于本案,未能续订劳动合同的原因是公司和王某就续订劳动合同未能达成一致。公司提出按原劳动合同约定的条件续订劳动合同并不违反法律规定,

而王某提出在增加工资的前提下续订劳动合同于法无据。在此情形下，致使劳动合同期满终止的原因在王某。因此，公司依法不需要支付经济补偿。

二、劳动合同期满终止纠纷的处理和预防

1. 劳动合同期满终止纠纷的处理

劳动合同期满终止而产生的纠纷，主要为用人单位是否需要支付经济补偿。在处理这类纠纷时，要注意区分导致劳动合同期满终止的原因在哪一方。如果是劳动者先主动提出不再续订劳动合同的，不需要支付经济补偿；如果用人单位提出不再续订劳动合同的，应当支付经济补偿。对于用人单位同意续订劳动合同，而劳动者不同意续订的，则应当区分不同的情形作出不同的处理，如果用人单位提出续订劳动合同的条件等于或者高于原劳动合同约定条件，而劳动者不同意续订的，用人单位不需要支付经济补偿；如果用人单位提出续订劳动合同的条件低于原劳动合同约定条件而劳动者不同意续订的，用人单位需要支付经济补偿。

2. 劳动合同期满终止纠纷的预防

劳动合同期满终止在法律规定上相对明确，期满终止劳动合同，当事人不需要提前通知对方，也不需要说明理由，操作上相对容易把握。实践中，劳动合同期满终止发生纠纷，主要是操作上的不严谨，预防这类纠纷要注意以下两个方面。

（1）把握续订劳动合同的协商时间。用人单位如果有续订劳动合同的意向，应当在劳动合同期满前与劳动者协商续订劳动合同的有关事项。太早协商，容易发生变化；太晚协商，如遇复杂情况会超过原劳动合同期限。因此，应当选择适当的时间点进行充分的协商，但无论如何一定要在劳动合同期满前完成续订劳动合同的工作，否则过了这个时间节点，双方原有的书面劳动合同到期了，如果继续维持劳动关系，用人单位将面临"未订立书面劳动合同"的风险；如果再决定结束劳动关系，又不符合劳动合同期满终止的规定。即使排除了违法终止的因素，终止事实劳动关系时，用人单位还是需要支付经济补偿。

（2）合理确定续订劳动合同的条件。续订劳动合同的条件直接关系到用人单位是否需要支付经济补偿。在确定续订劳动合同条件时，要结合用人单位的生产经营情况、薪酬体系、劳动者的工作绩效等方面的因素综合考虑。既不要任意提高续订劳动合同条件，打破用人单位现有的薪酬体系，给用人单位无谓增加人工成本；也不要提出明显低于原劳动合同约定的条件，明显缺乏续订劳动合同的诚意，即使终止劳动合同，依法也需要支付经济补偿。

学习单元 2

用人单位主体消灭致劳动合同终止纠纷

法条链接

《劳动合同法》

第三十四条 用人单位发生合并或者分立等情况,原劳动合同继续有效,劳动合同由承继其权利和义务的用人单位继续履行。

第四十四条 有下列情形之一的,劳动合同终止:

……

(四)用人单位被依法宣告破产的;

(五)用人单位被吊销营业执照、责令关闭、撤销或者用人单位决定提前解散的;

……

《上海市劳动合同条例》

第二十四条 用人单位合并、分立的,劳动合同由合并、分立后的用人单位继续履行;经劳动合同当事人协商一致,劳动合同可以变更或者解除;当事人另有约定的,从其约定。

劳动合同的双方主体中,如果一方主体消灭,直接导致劳动合同无法继续履行,劳动合同终止。一般情况下,因劳动者一方主体消灭致劳动合同终止引发纠纷的很少,

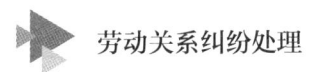

而因用人单位一方主体消灭致劳动合同终止发生纠纷则较多。这是因为用人单位一方主体发生变化,既有属于主体消灭的,也有不属于主体消灭的,容易因混淆而引发纠纷。

一、用人单位主体消灭致劳动合同终止要点解读

1. 用人单位破产,被吊销营业执照、责令关闭、撤销或者解散

根据《劳动合同法》规定,用人单位被依法宣告破产的,用人单位被吊销营业执照、责令关闭、撤销或者用人单位决定提前解散的,劳动合同终止。

根据《企业破产法》规定,企业被依法宣告破产是指企业法人不能清偿到期债务,并且资产不足以清偿全部债务或者明显缺乏清偿能力的,可以依法申请破产清理债务,人民法院经审理依法宣告企业破产的情形。

根据《行政处罚法》等相关规定,吊销营业执照是指行政机关依法剥夺违法企业已经取得的营业执照从而使其丧失生产经营资格的行政处罚措施;责令关闭是指行政机关对违法企业作出停止生产经营活动的行政处罚措施;撤销是指公司登记机关取消有瑕疵的公司登记的具体行政行为。

根据《公司法》规定,公司因下列原因解散:公司章程规定的营业期限届满或者公司章程规定的其他解散事由出现;股东会或者股东大会决议解散;因公司合并或者分立需要解散;依法被吊销营业执照、责令关闭或者被撤销;公司经营管理发生严重困难,继续存续会使股东利益受到重大损失,通过其他途径不能解决的,持有公司全部股东表决权百分之十以上的股东,可以请求人民法院解散公司。

上述情形导致用人单位作为从事生产经营的主体资格不复存在,必须停止一切经营活动。因此,作为劳动合同主体一方的用人单位的资格也消灭,其与劳动者的劳动合同自然终止。

2. 用人单位合并或者分立

根据《劳动合同法》规定,用人单位发生合并或者分立等情况,原劳动合同继续有效,劳动合同由承继其权利和义务的用人单位继续履行。

根据《公司法》规定,公司合并是指两个或两个以上的公司依照《公司法》规定的条件和程序,共同组成一个公司的法律行为;公司分立是指一个公司依照《公司法》规定的条件和程序,通过股东会决议分成两个以上公司的法律行为。其中公司合并可以采取吸收合并和新设合并两种形式。一个公司吸收其他公司为吸收合并,被吸收的

公司解散。两个以上公司合并设立一个新公司为新设合并，合并各方解散。

企业合并和分立过程中，有的企业主体不再存续并被注销了，但是这是由于合并和分立而引发的主体消灭，与前述公司破产关闭等不同。《公司法》规定了合并或者分立前企业的债权债务由合并或者分立后企业承继的原则，其劳动关系权利和义务同样应当遵循这一原则。为了维护就业岗位的稳定性，《劳动合同法》对用人单位发生分立或者合并的情形，规定了原企业和劳动者的劳动合同继续有效，应当由合并、分立后的企业继续履行。因此，企业合并或者分立不属于用人单位主体消灭致劳动合同终止的情形范围。当然，如果用人单位和劳动者有约定的，可以按照约定执行。

 相关案例

用人单位主体消灭致劳动合同终止纠纷

【案情介绍】

2014年5月，徐某进入某工程机械公司（A公司）工作，签订了为期五年的劳动合同。2016年7月6日，A公司董事会通过决议，以分立方式同时成立某贸易公司（B公司）和某技术研发公司（C公司），B公司和C公司成立后，A公司注销。

徐某作为原A公司销售部的员工，在B公司成立后随业务转移至B公司工作，徐某的工作内容、工作地点、劳动报酬等均无发生变化。徐某曾向B公司提出要求订立书面劳动合同，B公司答复：徐某与A公司订立的劳动合同由B公司继续履行，双方无须再重新订立劳动合同。徐某多次向公司要求无果，遂于2017年4月向劳动争议仲裁委员会申请仲裁，要求B公司支付2016年8月至2017年4月期间未签订书面劳动合同的双倍工资差额。

【案件评析】

本案争议焦点：用人单位分立后，承继原用人单位权利和义务的新用人单位继续使用劳动者的，双方是否需要重新订立劳动合同？

徐某认为，A公司分立后主体消灭，劳动合同即行终止，B公司应当与自己重新订立书面劳动合同。

B公司认为，A公司分立后，设立B公司和C公司，原A公司的部分员工到B公司工作，B公司继续履行原A公司的劳动合同，因此不需要重新签订劳动合同。

本案中，徐某原系A公司员工，A公司分立为B公司和C公司，A公司注

销后，徐某的实际工作单位为B公司，按照法律规定，徐某与A公司签订的原劳动合同中的权利和义务应当由B公司承继，双方均应继续履行。因此，徐某在双方存在有效劳动合同的情形下，要求B公司另行签订劳动合同，并以B公司拒绝为由，要求支付未签订书面劳动合同的双倍工资差额请求于法无据。

二、用人单位主体消灭致劳动合同终止纠纷的处理与预防

1. 用人单位主体消灭致劳动合同终止纠纷的处理

《劳动合同法》对用人单位发生一般意义上的主体消灭和特殊情形下的主体消灭规定了不同的劳动合同处理规则，在处理此类纠纷时，应当首先区分用人单位主体消灭的原因。

如果用人单位属于被依法宣告破产，或被吊销营业执照、责令关闭、撤销或者用人单位决定提前解散而主体消灭的，劳动合同当然终止。

如果用人单位因合并或者分立而主体消灭的，劳动合同由承继债权债务的单位继续履行，继续有效。因为劳动合同并未终止，因此用人单位既不需要支付终止劳动合同的经济补偿，也不需要重新签订劳动合同，更不存在应签未签书面劳动合同的双倍工资。相应的，承继原用人单位权利和义务的新用人单位也不得以原劳动合同主体已消灭为由拒绝履行原劳动合同约定的义务。此外，《上海市劳动合同条例》规定，承继原用人单位权利和义务的新用人单位与劳动者协商一致的，也可以变更或重新订立劳动合同。这就是说用人单位和劳动者有约定的从其约定。

2. 用人单位主体消灭致劳动合同终止纠纷的预防

（1）一般情况下，用人单位主体消灭应当做好员工善后工作。用人单位被依法宣告破产，或被吊销营业执照、责令关闭、撤销或者用人单位解散，将彻底结束生产经营，劳动者将因劳动合同终止而被遣散。负有清算责任的组织要按照法律规定，妥善做好劳动者的善后工作，包括清偿拖欠的工资、欠缴的社会保险费，以及依法支付劳动者经济补偿、办理退工手续等。避免因企业剧烈变动时主要考虑资产及债权债务问题而忽略了劳动者的权益维护，导致群体性劳动关系纠纷的发生。

（2）用人单位合并或分立时要依法处理劳动关系。法律规定用人单位合并或分立后劳动合同继续有效，由承继原单位权利和义务的用人单位继续履行。这样规定有利

于就业岗位的稳定，也降低了用人单位合并或分立的成本。如果对劳动者采用原单位劳动合同终止，与新单位重新签订劳动合同的做法，将会涉及支付全部劳动者经济补偿的问题。因此，通常情况下，用人单位发生合并或分立时，应当按照法律规定，采用劳动合同继续履行的办法，使劳动关系平稳地实现过渡。这就需要一方面对劳动者做好预先告知和政策解释工作，另一方面要确保承继权利和义务的单位严格履行原劳动合同。所谓严格履行原劳动合同，既包括履行好合同明文规定的义务，也包括将劳动者原单位工作年限计算为本单位的工作年限，并以此标准享受各项与工作年限有关的待遇。如果出现需要终止原单位的劳动合同、与新单位重新签订劳动合同情形的，不管这种需求来自哪一方，都应当通过双方协商一致的办法妥善解决。

培训任务六

不得解除与续延劳动合同、经济补偿、赔偿金纠纷处理

《劳动合同法》规定了用人单位可以解除或终止劳动合同条件的同时，又从另一个角度规定了用人单位不得解除劳动合同或不能立即终止劳动合同而必须续延的情形；对于解除和终止劳动合同，规定了必须支付经济补偿的情形；对于用人单位违法解除或终止劳动合同，规定了必须支付赔偿金。这就形成了在解雇环节上对劳动者的特殊保护制度。本章主要介绍用人单位在执行这些规定过程中引发的纠纷。

学习单元 1

不得解除与续延劳动合同纠纷

法条链接

《劳动合同法》

第四十二条 劳动者有下列情形之一的,用人单位不得依照本法第四十条、第四十一条的规定解除劳动合同:

(一)从事接触职业病危害作业的劳动者未进行离岗前职业健康检查,或者疑似职业病病人在诊断或者医学观察期间的;

(二)在本单位患职业病或者因工负伤并被确认丧失或者部分丧失劳动能力的;

(三)患病或者非因工负伤,在规定的医疗期内的;

(四)女职工在孕期、产期、哺乳期的;

(五)在本单位连续工作满十五年,且距法定退休年龄不足五年的;

(六)法律、行政法规规定的其他情形。

第四十五条 劳动合同期满,有本法第四十二条规定情形之一的,劳动合同应当续延至相应的情形消失时终止。但是,本法第四十二条第二项规定丧失或者部分丧失劳动能力劳动者的劳动合同的终止,按照国家有关工伤保险的规定执行。

《劳动合同法》规定劳动者处于某种特殊情形时,即使符合解除劳动合同的条件,用人单位也不能解除劳动合同。在这种情形下,即使劳动合同期满,用人单位也不能当即终止劳动合同而应当续延合同期限。这项旨在保护劳动者特殊权益的规定,由于客观上限制了用人单位解除、终止劳动合同的权利,因此,在执行中存在诸多引发纠纷的因素。

一、不得解除和续延劳动合同要点解读

1. 不得解除和续延情形可以归纳为"老弱病残"

《劳动合同法》第四十二条、第四十五条规定的不得解除和续延终止条件,其第一项和第二项涉及劳动者可能罹患职业病或因工丧失劳动能力(残);第三项涉及劳动者患病或非因工负伤(病);第四项涉及女性劳动者处在怀孕、生产、哺乳三期内(弱);第五项涉及工龄较长且离退休年龄近的劳动者(老)。因此,可以看出法律设置不得解除和续延终止制度,主要为了保护"老弱病残"劳动者的特殊利益。

2. 不得解除规定只针对无过错劳动者

不得解除规定只针对用人单位依据《劳动合同法》第四十条(劳动者患病超过规定医疗期、劳动者不能胜任工作、客观情况发生重大变化)和第四十一条(裁员)解除劳动合同。这些均属于劳动者无过错情形。但并不限制用人单位依据《劳动合同法》第三十九条规定(劳动者有过错)解除劳动合同,即使劳动者符合不得解除规定的情形,但又符合过错性解除条件的,用人单位仍然可以解除劳动合同。

3. 合同续延并不是不得终止

续延终止规则只适用于劳动合同期满终止的情形。劳动合同期满时,双方当事人未能就续订劳动合同达成一致,劳动者符合不得解除劳动合同情形的,劳动合同不能当即终止,而应当续延至相应的情形消失时终止。例如,女性员工劳动合同期满时正处在产假期间,用人单位就不能当即终止劳动合同,而应当将劳动合同期限续延至该员工哺乳期满,在其哺乳期满时劳动合同终止。因此,续延终止不是不得终止。

4. 工伤职工劳动合同终止按照工伤保险的规定执行

《劳动合同法》规定,对于劳动者在本单位患职业病或者因工负伤并被确认丧失或者部分丧失劳动能力的,其劳动合同的终止按照国家有关工伤保险的规定执行。《工伤保险条例》规定,职工因工致残被鉴定为一级至四级伤残的,保留劳动关系至达到退

休年龄办理退休手续（即在此之前不能终止劳动合同）；职工因工致残被鉴定为五级、六级伤残的，经工伤职工本人提出，可以与用人单位解除或者终止劳动关系（即用人单位不能终止劳动合同）；职工因工致残被鉴定为七级至十级伤残的，可以终止劳动合同。

相关案例

女职工三期解除劳动合同纠纷

【案情介绍】

李小姐于2016年5月20日进入上海某广告公司从事广告设计工作，双方签订了期限至2018年5月17日的劳动合同，约定月薪为5 000元。2018年5月13日，公司向李小姐下发了"劳动合同到期终止不予续签通知书"，李小姐收到通告后未提出异议。5月16日，双方进行了工作移交手续，并结算了工资和终止劳动合同的经济补偿。随后，公司在一个星期内为李小姐办理了退工和社会保险关系转移手续。

5月31日，李小姐感觉身体不适，去医院检查后，发现自己已经怀孕两个月，即她在2018年4月就怀孕了。李小姐觉得怀孕期间工作不好找，于6月5日至广告公司，出示了医院的怀孕证明，称在职时已怀孕，要求恢复劳动关系。公司表示双方劳动关系已终止，不同意恢复。李小姐遂向劳动争议仲裁委员会提起仲裁申请，要求恢复与广告公司的劳动关系。

【案件评析】

本案争议焦点：劳动合同期满终止后，女职工发现自己在劳动合同存续期间已怀孕，能否恢复劳动关系？

李小姐认为，劳动合同到期前，自己已经怀孕，依据《劳动合同法》的相关规定，公司不应当终止劳动合同，而应当续延至自己哺乳期满时终止，故公司应恢复双方的劳动关系。

公司认为，劳动合同到期终止时李小姐并无异议，双方已经办理了工作交接，且工资和经济补偿等均已结清，故不同意恢复劳动关系。

本案中，李小姐在劳动合同期满时未知自己已经怀孕而终止了劳动合同，但事后经医院检查证明自己在劳动合同存续期间已经怀孕，虽然已经作出劳动合同终止行为，但只要李小姐依法要求恢复劳动关系至哺乳期满，应当获得支持。

工伤解除劳动关系纠纷

【案情介绍】

2010年6月25日，林先生入职某互联网公司任数据分析员，劳动合同约定每月税前工资为5 000元。双方最后一份劳动合同期限为2014年6月25日至2015年6月24日。2015年2月8日，林先生在下班途中骑电动自行车与机动车发生交通事故，导致盆骨骨折。劳动行政部门出具工伤认定决定书，认定林先生属于因工负伤。2015年6月24日，劳动合同期满，因林先生尚在停工留薪期内，公司未与其终止劳动合同，并通知林先生，劳动合同续延至林先生伤残等级确定之日。2016年1月3日，劳动能力鉴定委员会对林先生作出六级伤残的鉴定结论。2016年1月10日，公司向林先生出具了"劳动关系终止通知书"，明确双方的劳动合同于2016年1月11日终止，不再续签。公司将依法支付伤残就业补助金及2016年1月的工资。林先生向公司提出自己因工伤而致残，不能终止劳动合同，但公司未同意。经多次协商不成，林先生遂向劳动争议仲裁委员会申请仲裁，要求公司续延劳动合同至自己达到退休年龄。

【案件评析】

本案争议焦点：对于在本单位工伤致残的劳动者，用人单位是否可以终止劳动合同？

林先生认为，自己在本单位因工负伤，经劳动能力鉴定机构鉴定为六级伤残，按规定单位不能与自己终止劳动合同。

公司认为，在2015年6月24日劳动合同期满时，考虑到林先生尚处于停工留薪期内，尚未进行工伤伤残等级鉴定，公司没有当即终止劳动合同，已经作了续延。在林先生完成伤残鉴定后，公司无法再安排其工作，只能在支付其一次性伤残就业补助金后终止劳动合同。

本案中，林先生在本单位发生工伤，被劳动能力鉴定机构鉴定为六级伤残，按照《工伤保险条例》的规定，因工致残被鉴定为六级的劳动者，除经工伤职工本人提出才可以与用人单位终止劳动关系外，用人单位不能单方面终止劳动合同，难以安排工作的，由用人单位按月发给伤残津贴。因此，该互联网公司在林先生未提出终止劳动合同的情况下终止劳动合同是错误的。

培训任务六 | 不得解除与续延劳动合同、经济补偿、赔偿金纠纷处理

二、不得解除和续延劳动合同纠纷的处理与预防

1. 不得解除和续延劳动合同纠纷的处理

（1）正确认定劳动者是否具有法律规定的不得解除和应当续延劳动合同的情形。在《劳动合同法》规定的六种情形中，特别要注意的是女职工怀孕问题。因为在女职工怀孕的初期，双方可能都不知晓，用人单位单方面解除或终止劳动合同以后，如果女职工能够证明自己在解除或终止劳动合同之前已经怀孕，并提出恢复劳动关系的，用人单位应当恢复。

（2）分清用人单位解除或终止劳动合同的理由。法律对处于特殊情形下的劳动者实行解除或终止劳动合同的特别保护，是指用人单位不得在劳动者没有严重违纪的情形下解除或终止劳动合同。如果劳动者有《劳动合同法》第三十九条规定的情形之一的，虽然符合法律规定的不得解除或续延劳动合同情形的，用人单位仍然可以依法解除或终止劳动合同。此外，一般情况下，即使劳动者有不得解除或续延劳动合同的情形，只要双方协商一致，也可以解除或终止劳动合同。

（3）区分一般和特殊。对于一般劳动者特殊情形下解除或终止劳动合同的保护，按照《劳动合同法》的规定执行；对于在本单位因工负伤并被确认丧失或部分丧失劳动能力的劳动者，在解除或终止劳动合同问题上，应当按照工伤保险的有关规定执行。

2. 不得解除和续延劳动合同纠纷的预防

（1）续延劳动合同无须另行续签。这里所说的续延是法定续延，即法律规定了劳动合同期满时，出现不得解除劳动合同情形的，劳动合同不能即行终止，而应当续延。这实质是对原劳动合同期限的法定修改，但合同的其他内容不作改变，继续履行，因此，无须另行续签劳动合同。

（2）把握好续延劳动合同的期限。续延劳动合同的期限不是人为设定的，而是法定的，即阻碍劳动合同终止的"情形消失"。一旦情形消失，劳动合同自然终止。在劳动者患病或者非因工负伤在规定的医疗期内，劳动合同期满续延时，续延期限所依据的"情形消失"，不仅是"规定的医疗期满"，还包括劳动者病愈上班的情形。劳动者虽然规定的医疗期未满，但不再休病假而恢复上班之日，即劳动合同终止之时。

学习单元 2

经济补偿纠纷

法条链接

《劳动合同法》

第四十六条 有下列情形之一的,用人单位应当向劳动者支付经济补偿:

(一)劳动者依照本法第三十八条规定解除劳动合同的;

(二)用人单位依照本法第三十六条规定向劳动者提出解除劳动合同并与劳动者协商一致解除劳动合同的;

(三)用人单位依照本法第四十条规定解除劳动合同的;

(四)用人单位依照本法第四十一条第一款规定解除劳动合同的;

(五)除用人单位维持或者提高劳动合同约定条件续订劳动合同,劳动者不同意续订的情形外,依照本法第四十四条第一项规定终止固定期限劳动合同的;

(六)依照本法第四十四条第四项、第五项规定终止劳动合同的;

(七)法律、行政法规规定的其他情形。

第四十七条 经济补偿按劳动者在本单位工作的年限,每满一年支付一个月工资的标准向劳动者支付。六个月以上不满一年的,按一年计算;不满六个月的,向劳动者支付半个月工资的经济补偿。

劳动者月工资高于用人单位所在直辖市、设区的市级人民政府公布的本地区上年度职工月平均工资三倍的，向其支付经济补偿的标准按职工月平均工资三倍的数额支付，向其支付经济补偿的年限最高不超过十二年。

本条所称月工资是指劳动者在劳动合同解除或者终止前十二个月的平均工资。

➢ 本法施行之日存续的劳动合同在本法施行后解除或者终止，依照本法第四十六条规定应当支付经济补偿的，经济补偿年限自本法施行之日起计算；本法施行前按照当时有关规定，用人单位应当向劳动者支付经济补偿的，按照当时有关规定执行。

《劳动合同法实施条例》

第五条 自用工之日起一个月内，经用人单位书面通知后，劳动者不与用人单位订立书面劳动合同的，用人单位应当书面通知劳动者终止劳动关系，无需向劳动者支付经济补偿，但是应当依法向劳动者支付其实际工作时间的劳动报酬。

第六条 用人单位自用工之日起超过一个月不满一年未与劳动者订立书面劳动合同的，应当依照劳动合同法第八十二条的规定向劳动者每月支付两倍的工资，并与劳动者补订书面劳动合同；劳动者不与用人单位订立书面劳动合同的，用人单位应当书面通知劳动者终止劳动关系，并依照劳动合同法第四十七条的规定支付经济补偿。

前款规定的用人单位向劳动者每月支付两倍工资的起算时间为用工之日起满一个月的次日，截止时间为补订书面劳动合同的前一日。

第二十二条 以完成一定工作任务为期限的劳动合同因任务完成而终止的，用人单位应当依照劳动合同法第四十七条的规定向劳动者支付经济补偿。

第二十七条 劳动合同法第四十七条规定的经济补偿的月工资按照劳动者应得工资计算，包括计时工资或者计件工资以及奖金、津贴和补贴等货币性收入。劳动者在劳动合同解除或者终止前12个月的平均工资低于当地最低工资标准的，按照当地最低工资标准计算。劳动者工作不满12个月的，按照实际工作的月数计算平均工资。

《劳动合同法》规定，在劳动者无过错的情况下用人单位解除劳动合同，或在某些情形下终止劳动合同时，用人单位必须向劳动者支付经济补偿。针对是否需要支付经济补偿以及经济补偿的具体数额经常发生争议，这类争议往往与劳动合同的解除或者

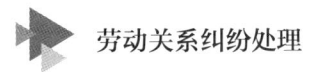

终止纠纷、劳动者在职期间的工资数额纠纷、工作年限认定纠纷联系在一起。

一、经济补偿要点解读

1. 解除劳动合同的经济补偿

法律规定解除劳动合同时应当支付经济补偿主要针对以下三种情形：一是因用人单位出现《劳动合同法》第三十八条规定的严重违法情形，导致劳动者解除劳动合同；二是因劳动者非过错的原因解除劳动合同，如劳动者患病或非因工负伤超过规定的医疗期、劳动者不能胜任工作；三是因用人单位的原因解除劳动合同，如用人单位提出协商解除劳动合同、订立劳动合同时的客观情况发生变化导致解除劳动合同、裁员等。所以，解除劳动合同必须支付经济补偿的情形，总体上可以归纳为因用人单位的原因解除或虽因劳动者的原因但劳动者无过错解除。

2. 终止劳动合同的经济补偿

法律规定终止劳动合同应当支付经济补偿主要针对以下四种情形：一是劳动合同期满，包括固定期限劳动合同期满或以完成一定工作任务为期限的劳动合同任务完成，因用人单位不同意续订而导致劳动合同终止；二是固定期限劳动合同期满，用人单位虽然同意续订，但因降低了原劳动合同约定条件导致劳动者不同意续订而终止；三是因用人单位主体消灭导致劳动合同终止，如用人单位破产、被吊销营业执照、关闭、撤销或者提前解散；四是用人单位超过一个月未与劳动者订立书面劳动合同，在提出订立时，因劳动者不愿意订立而终止劳动关系。因此，终止劳动合同必须支付经济补偿的情形，总体上也是因单位的原因而导致合同终止。

3. 经济补偿的支付标准

《劳动合同法》规定，经济补偿按劳动者在本单位工作的年限，每满一年支付一个月工资的标准向劳动者支付。这就意味着一般情况下对支付经济补偿的年限不加限制，有一年支付一个月工资。这里所说的月工资是指劳动者在劳动合同解除或者终止前十二个月的平均工资。此外，《劳动合同法》针对劳动者月工资高于本地区上年度职工月平均工资三倍的情形，规定经济补偿按该地区上年度职工月平均工资三倍的数额支付。同时规定，向其支付经济补偿的年限最高不超过十二年。

4. 经济补偿的"分段计算"

《劳动合同法》与之前相关规定比较，在经济补偿的支付情形、支付标准等方面作了较大的调整。因此，在《劳动合同法》施行前订立的劳动合同（建立劳动关系）且在《劳动合同法》施行之日存续的劳动合同在《劳动合同法》施行后解除或者终止，依照《劳动合同法》第四十六条规定应当支付经济补偿的，经济补偿年限自《劳动合同法》施行之日起计算；《劳动合同法》施行前用人单位应当向劳动者支付经济补偿的，按照当时有关规定执行。上述规定即为经济补偿的"分段计算"。

经济补偿纠纷一

【案情介绍】

王某于2001年8月12日进入某家具公司工作，担任店面经理一职。双方先后签过三份劳动合同，最后一份劳动合同为自2008年1月30日起的无固定期限劳动合同，约定王某每月工资为20 000元。2012年6月，公司店面搬迁，王某不愿意去新的地址工作，经协商不成，6月20日，家具公司向王某出具解除劳动合同通知书，明确劳动合同于2012年7月26日解除，并以2008年1月1日为界，之前的工作年限乘以20 000元，之后的工作年限乘以上年度全市职工平均工资三倍计算，支付王某经济补偿。王某对公司解除劳动合同无异议，但不同意公司支付经济补偿的数额。经协商不成，王某向劳动争议仲裁委员会申请仲裁，要求家具公司按20 000元月工资额乘以11计算经济补偿。

【案件评析】

本案争议焦点：家具公司支付王某经济补偿的计算方法是否合法？

王某认为，自己自2001年8月12日起在家具公司工作，至2012年7月26日解除劳动合同，从未间断过。按照工作每满一年支付一个月工资经济补偿，不满一年超过六个月的按一年计算的规定，家具公司应当按解除劳动合同前本人十二个月的平均工资20 000元乘以11计算经济补偿。

公司认为，王某的工作年限跨越了2008年1月1日这个时点，按规定，前后工作年限应当分别采用不同的规则计算经济补偿，公司的做法并不违反法律规定。

本案中，王某只掌握了《劳动合同法》对经济补偿的一般规定，即"一年一个月工资"，却忽略了《劳动合同法》对经济补偿的特别规定，即"分段计算"和"三倍封顶"。王某在2008年1月1日《劳动合同法》施行之前的工作年限所涉及的经济补偿，应当按照当时的规定，即按其解除劳动合同前十二个月的月平均工资乘以工作年限（20 000元乘以6）计算；王某2008年1月1日之后的工作年限所涉及的经济补偿，应当按照《劳动合同法》的规定计算，因其解除劳动合同前十二个月的月平均工资高于解除劳动合同时上年度全市职工月平均工资三倍，依法应当按照上年度全市职工月平均工资三倍支付其经济补偿。两段相加，是王某应得的经济补偿总额。因此，家具公司的做法符合法律规定。

经济补偿纠纷二

【案情介绍】

2014年5月，申小姐入职某时装设计公司，从事高级销售管理岗位工作，月工资15 000元。双方签订了为期三年的劳动合同。2017年4月劳动合同期限将满时，公司与申小姐协商续签劳动合同，公司表示愿意在本期劳动合同期满后续签劳动合同，合同期限可放宽到五年，但是因申小姐原从事的工作岗位有更合适的人选，希望在下一期劳动合同中将申小姐的工作岗位改为市场分析管理，工资相应调整为13 000元，并口头承诺只要有机会仍然会给申小姐恢复职级和薪酬。申小姐对此不能接受，遂提出劳动合同期满即行终止，不再续签。2017年5月劳动合同期满终止后，申小姐未拿到公司的经济补偿。经多次协商无果，申小姐向劳动争议仲裁委员会提起仲裁申请，要求公司支付经济补偿。

【案件评析】

本案争议焦点：劳动合同期满后，申小姐提出不续签劳动合同，公司是否应当支付经济补偿？

申小姐认为，公司准备与自己续签的劳动合同中，改变了自己的原工作岗位，并降低了自己的薪酬水平，自己难以接受，因此提出终止劳动合同不再续签，是公司改变邀约在先，因此应当支付经济补偿。

公司认为，公司有继续聘用申小姐的愿望，愿意续签劳动合同，只是一时难以安排申小姐从事原来的工作，对其岗位略做调整，一旦有机会还是会恢复其职级和薪酬的，是申小姐主动提出不再续签劳动合同，因此公司不再支付经济补偿。

本案中，表面看来确实是申小姐提出不再续签劳动合同导致了劳动合同终止。按一般理解，劳动者提出终止劳动合同，用人单位无须支付经济补偿（本

案中的时装设计公司就是这么认为的)。但《劳动合同法》又规定了对劳动者提出终止劳动合同的,要区分提出的原因,如果是用人单位提出续签劳动合同,但降低了原劳动合同约定的条件,从而导致劳动者终止劳动合同的,用人单位仍必须支付经济补偿。本案中虽然是申小姐不同意续签劳动合同,但是因公司降低原合同条件所致,因此公司应当向申小姐支付经济补偿。

二、经济补偿纠纷的处理与预防

1. 经济补偿纠纷的处理

(1)准确判断是否应当支付经济补偿。《劳动合同法》规定的应当支付经济补偿的各类情形,有的比较清晰,但有的比较复杂,在处理纠纷中需要进行区分判断。例如,对于"客观情况发生重大变化"解除劳动合同,是否需要支付经济补偿,就要看重大变化是否导致劳动合同无法继续履行,导致无法继续履行的,经协商变更不成解除劳动合同的,应当支付经济补偿;虽然发生重大变化,但是劳动合同仍可继续履行的(包括用人单位采取了措施使原本无法履行变得可以履行的),劳动者提出解除劳动合同就无须支付经济补偿。

(2)正确把握经济补偿的计算基数。计算经济补偿的基数是劳动者解除或者终止劳动合同前十二个月的平均工资,而不是解除或终止劳动合同前一个月的工资。如果劳动者工作不满一年的,应按实际工作月数平均计算。

(3)正确把握经济补偿特别规定。一是把握好"分段计算"规则,即对于同一劳动者涉及《劳动合同法》施行前的经济补偿按当时的规定执行;涉及《劳动合同法》施行以后的经济补偿按新规定执行。二是把握好"三倍封顶"规则,即在适用新规定时,劳动者计算经济补偿的月工资超过当地当期职工平均工资三倍的,按职工平均工资三倍计发。同时,向"三倍封顶"人员支付经济补偿的年限最高不超过十二年。

2. 经济补偿纠纷的预防

(1)处理好与经济补偿相关的劳动关系问题。企业发生搬迁、合并、分立等重大变化时的劳动关系处理,与是否需要支付劳动者经济补偿相关,由于涉及批量的劳动者,处理不当容易引发群体性劳动关系纠纷。因此,在处理这类劳动关系问题时应当慎重,尤其是对于不支付经济补偿的情形,更要稳妥处理。例如,前述的"客观情况发生重大变化",只有在企业采取了必要的措施,真正使原本无法继续履行的劳动合同变得可以履行，但劳动合同仍然解除时，才可不予支付经济补偿。又如，企业合并或分立，可以不支付经济补偿，但必须确保新企业完整地履行原劳动合同，包括合同之外的工龄连续计算。

（2）加强与劳动者的沟通。经济补偿作为一种收入，其性质类似于工资，因此，劳动者对此一般比较顶真。经济补偿支付涉及的因素较多，与解除或终止劳动合同的情形、劳动者工作年限和工资的计算、新老规则的衔接等都密切相关，双方容易因对政策的误解或对某一事实主张不一致而引发纠纷。因此，在具体操作中，尤其是同时支付或不支付大批劳动者经济补偿时，除企业管理方自己把握法律规定外，还应当事前加强与劳动者沟通，做好政策解释和实际情况的说明工作，对劳动者的疑问及时作出回应，消除疑虑，防止纠纷的发生。

学习单元 3

赔偿金纠纷

> **法条链接**
>
> 《劳动合同法》
>
> 第四十八条 用人单位违反本法规定解除或者终止劳动合同,劳动者要求继续履行劳动合同的,用人单位应当继续履行;劳动者不要求继续履行劳动合同或者劳动合同已经不能继续履行的,用人单位应当依照本法第八十七条规定支付赔偿金。
>
> 第八十三条 用人单位违反本法规定与劳动者约定试用期的,由劳动行政部门责令改正;违法约定的试用期已经履行的,由用人单位以劳动者试用期满月工资为标准,按已经履行的超过法定试用期的期间向劳动者支付赔偿金。
>
> 第八十五条 用人单位有下列情形之一的,由劳动行政部门责令限期支付劳动报酬、加班费或者经济补偿;劳动报酬低于当地最低工资标准的,应当支付其差额部分;逾期不支付的,责令用人单位按应付金额百分之五十以上百分之一百以下的标准向劳动者加付赔偿金:
>
> (一)未按照劳动合同的约定或者国家规定及时足额支付劳动者劳动报酬的;
>
> (二)低于当地最低工资标准支付劳动者工资的;

> （三）安排加班不支付加班费的；
> （四）解除或者终止劳动合同，未依照本法规定向劳动者支付经济补偿的。
> 第八十七条 用人单位违反本法规定解除或者终止劳动合同的，应当依照本法第四十七条规定的经济补偿标准的二倍向劳动者支付赔偿金。

《劳动合同法》对于用人单位作出某些违反法律规定或劳动合同约定的行为，规定应当向劳动者支付或加付赔偿金。由于支付赔偿金是针对用人单位设置的一种"惩罚性"责任，对于支付赔偿金的前提是否成立，即用人单位是否违法或是否违反劳动合同约定，双方常因主张不一致而发生纠纷。本节重点介绍用人单位违法解除或者终止劳动合同支付赔偿金发生的纠纷。

一、赔偿金要点解读

1. 支付赔偿金的情形

《劳动合同法》规定的用人单位支付赔偿金主要有三种情形：一是用人单位违法解除或者终止劳动合同的，应当依照经济补偿标准的二倍向劳动者支付赔偿金；二是用人单位违法与劳动者约定试用期且违法约定的试用期已经履行的，应当以劳动者试用期满月工资为标准，按已经履行的超过法定试用期的期间向劳动者支付赔偿金；三是劳动行政部门责令用人单位限期支付劳动报酬、加班费、经济补偿、补足最低工资标准差额，用人单位逾期仍不支付的，劳动行政部门责令用人单位按应付金额百分之五十以上百分之一百以下的标准向劳动者加付赔偿金。其中，因用人单位违法解除或者终止劳动合同支付赔偿金较易引发纠纷。

2. 支付赔偿金、违约金与承担赔偿责任的区别

《劳动合同法》对于劳动合同一方当事人违反法律规定或合同约定给另一方当事人造成损失，根据不同情形规定了三种承担责任的方式：支付违约金、承担赔偿责任和支付赔偿金。这三者的区别在于，违约金的具体数额必须由合同双方事先设定，承担赔偿责任是根据造成损失的具体情形确定赔偿数额，而支付赔偿金的标准则是法定的。因此，当符合《劳动合同法》规定的支付赔偿金的情形出现时，不需要劳动者证明受损失的程度，用人单位直接按法律规定的标准支付赔偿金。

3. 违法解除或终止劳动合同赔偿金只适用于用人单位

实践中,用人单位和劳动者双方都有可能违反法律规定解除或终止劳动合同。《劳动合同法》对双方出现违法解除或终止劳动合同情形所规定的法律责任不同,对于劳动者违法解除劳动合同给用人单位造成损失的,规定承担赔偿责任;对于用人单位违法解除或终止劳动合同的,规定支付法定赔偿金。因此,违法解除或终止劳动合同赔偿金只适用于用人单位。从某种意义上来说,赔偿金是针对用人单位违法行为而规定的一种"惩罚"责任。

4. 违法解除或终止劳动合同支付赔偿金的前提

在争议处理中,用人单位违法解除或终止劳动合同事实成立后,并不是直接要求用人单位支付赔偿金,如果劳动者要求恢复劳动关系继续履行劳动合同的,用人单位应当继续履行,如此则不需要支付赔偿金。只有在劳动者不要求继续履行劳动合同或者由于种种原因致使劳动合同已经不能继续履行的前提下,才要求用人单位支付赔偿金。

相关案例

赔偿金纠纷一

【案情介绍】

程先生于2013年1月进入某商业公司工作,双方签订了期限至2018年1月19日的劳动合同,每月税前工资2万元。2016年9月5—9日,程先生请病假5天。公司事后经过调查认定程先生系虚构病情,通过医院熟人开出病假单。2016年9月30日,公司以严重违反单位规章制度为由解除了程先生的劳动合同。程先生不服,经与公司协商不成,遂以公司违法解除劳动合同为由,向劳动争议仲裁委员会申请仲裁,要求公司支付违法解除劳动合同的赔偿金。仲裁庭审理中,该公司未能提供相关证据材料证明程先生虚构病情、医院开具人情病假单的事实,仲裁庭遂认定该公司违法解除劳动合同。但在是否应当支付赔偿金上,公司与程先生发生了分歧。

【案件评析】

本案争议焦点:用人单位违法解除劳动合同成立后,是否应当支付赔偿金?

公司对违法解除劳动合同事实无异议,劳动合同尚可继续履行。因此,公司要求程先生回公司上班,继续履行劳动合同,不同意支付赔偿金。

程先生认为，既然公司作出的解除劳动合同属违法，双方互信的基础已经失去，无法继续履行劳动合同，因此，不同意回公司工作，要求公司依法支付赔偿金。

本案中，按照《劳动合同法》规定，公司违法解除劳动合同成立后，是恢复劳动关系继续履行劳动合同，还是结束劳动关系支付法定赔偿金，主动权在劳动者。如果程先生要求继续履行劳动合同，公司应当继续履行；如果程先生不同意继续履行或者劳动合同已经不能履行的，公司应当依法向程先生支付赔偿金。因此，程先生要求公司支付赔偿金的请求应当获得支持。

赔偿金纠纷二

【案情介绍】

施小姐于2015年12月进入某财务咨询公司，从事行政管理工作，双方签订了为期三年的劳动合同。施小姐在履行劳动合同过程中，因患病而请病假，至2018年12月劳动合同期满之日，施小姐处于因病请假期间。公司计算了施小姐三年来的累计病休时间，认为已经超过了四个月的规定医疗期，随即通知施小姐劳动合同即行终止。施小姐也计算了自己三年来的累计病休时间，认为没有超过四个月，即与公司协商，但没有取得一致。施小姐遂向劳动争议仲裁委员会申请仲裁，要求续延劳动合同。仲裁庭根据双方提供的证据材料最终认定施小姐累计病休时间没有超过规定的医疗期，财务咨询公司终止劳动合同属违法。在是否继续履行劳动合同问题上，公司与施小姐的主张不一致。

【案件评析】

本案争议焦点：用人单位违法终止劳动合同后，应当如何处理劳动合同继续履行还是支付赔偿金问题？

公司对违法终止劳动合同无异议，但即便如此，因公司业务繁忙，人员精减，经常患病的施小姐也不适合在公司继续工作。因此，公司愿意按照经济补偿标准的二倍向施小姐支付赔偿金，不再履行劳动合同。

施小姐认为，自己这段时间身体确实不好，但如果离开公司，再找工作一时比较困难，因此要求继续履行劳动合同。

本案中，因经常患病的施小姐不适合公司繁忙的工作，因此即便终止劳动合同与法有悖，公司也不希望继续履行劳动合同。因此，公司主动提出支付二倍经济补偿数额的赔偿金，以使施小姐离开公司。而施小姐则因当时的身体情况影响另找工作而要求继续履行劳动合同。根据《劳动合同法》的规定，两种

> 处理方式的选择取决于劳动者,在施小姐要求继续履行劳动合同的情况下,公司又不能证明劳动合同不能继续履行,因此,公司不能以支付赔偿金结束劳动关系,只能继续履行劳动合同。

二、赔偿金纠纷的处理和预防

实践中,赔偿金纠纷一般都依附于解除或终止劳动合同纠纷而产生,又因为赔偿金的标准是法定的,因此,单独主张赔偿金的纠纷很少发生。由于解除或终止劳动合同的纠纷基本都已进入劳动争议仲裁程序甚至司法程序,因此,处理这类争议主要在劳动争议仲裁机构和人民法院。就用人单位内部预防纠纷来讲,还是应当从尽力做到依法解除和终止劳动合同着手,因为只有防止违法解除和终止劳动合同,才能避免支付赔偿金。一旦发生用人单位违法解除或终止劳动合同情形,就应当明确是继续履行劳动合同还是支付赔偿金,完全取决于劳动者的选择。通常情况下,劳动者因失去了对单位的信任感,较多的不愿继续履行劳动合同,用人单位只能依法支付赔偿金。但对于本单位工作年限短的劳动者,从避免求职风险考虑,也可能要求继续履行劳动合同,用人单位只能继续履行劳动合同。

培训任务七

劳动争议仲裁与劳动保障监察

发生劳动关系纠纷后,在通过协商、调解程序没有解决或当事人不愿意接受协商、调解的情况下,可以通过选择申请劳动争议仲裁或者向劳动保障监察机构投诉的方式解决。本章主要介绍劳动争议仲裁和劳动保障监察。

学习单元 1

劳动争议仲裁

> **法条链接**
>
> 《劳动争议调解仲裁法》
>
> 第二条 中华人民共和国境内的用人单位与劳动者发生的下列劳动争议,适用本法:
>
> (一)因确认劳动关系发生的争议;
>
> (二)因订立、履行、变更、解除和终止劳动合同发生的争议;
>
> (三)因除名、辞退和辞职、离职发生的争议;
>
> (四)因工作时间、休息休假、社会保险、福利、培训以及劳动保护发生的争议;
>
> (五)因劳动报酬、工伤医疗费、经济补偿或者赔偿金等发生的争议;
>
> (六)法律、法规规定的其他劳动争议。
>
> 第五条 发生劳动争议,当事人不愿协商、协商不成或者达成和解协议后不履行的,可以向调解组织申请调解;不愿调解、调解不成或者达成调解协议后不履行的,可以向劳动争议仲裁委员会申请仲裁;对仲裁裁决不服的,除本法另有规定的外,可以向人民法院提起诉讼。
>
> 第六条 发生劳动争议,当事人对自己提出的主张,有责任提供证据。与

争议事项有关的证据属于用人单位掌握管理的，用人单位应当提供；用人单位不提供的，应当承担不利后果。

第九条　用人单位违反国家规定，拖欠或者未足额支付劳动报酬，或者拖欠工伤医疗费、经济补偿或者赔偿金的，劳动者可以向劳动行政部门投诉，劳动行政部门应当依法处理。

第二十一条　劳动争议仲裁委员会负责管辖本区域内发生的劳动争议。

劳动争议由劳动合同履行地或者用人单位所在地的劳动争议仲裁委员会管辖。双方当事人分别向劳动合同履行地和用人单位所在地的劳动争议仲裁委员会申请仲裁的，由劳动合同履行地的劳动争议仲裁委员会管辖。

第二十七条　劳动争议申请仲裁的时效期间为一年。仲裁时效期间从当事人知道或者应当知道其权利被侵害之日起计算。

前款规定的仲裁时效，因当事人一方向对方当事人主张权利，或者向有关部门请求权利救济，或者对方当事人同意履行义务而中断。从中断时起，仲裁时效期间重新计算。

因不可抗力或者有其他正当理由，当事人不能在本条第一款规定的仲裁时效期间申请仲裁的，仲裁时效中止。从中止时效的原因消除之日起，仲裁时效期间继续计算。

劳动关系存续期间因拖欠劳动报酬发生争议的，劳动者申请仲裁不受本条第一款规定的仲裁时效期间的限制；但是，劳动关系终止的，应当自劳动关系终止之日起一年内提出。

第四十二条　仲裁庭在作出裁决前，应当先行调解。

调解达成协议的，仲裁庭应当制作调解书。

调解书应当写明仲裁请求和当事人协议的结果。调解书由仲裁员签名，加盖劳动争议仲裁委员会印章，送达双方当事人。调解书经双方当事人签收后，发生法律效力。

调解不成或者调解书送达前，一方当事人反悔的，仲裁庭应当及时作出裁决。

第五十条　当事人对本法第四十七条规定以外的其他劳动争议案件的仲裁裁决不服的，可以自收到仲裁裁决书之日起十五日内向人民法院提起诉讼；期满不起诉的，裁决书发生法律效力。

劳动争议仲裁是一种居中公断行为，是由依法成立的劳动争议仲裁委员会对劳动关系纠纷当事人申请仲裁的争议事项依法作出裁决的行为。

一、劳动争议仲裁概述

1. 劳动争议的概念和分类

（1）劳动争议的概念。劳动争议是指劳动关系当事人之间发生的劳动权利和义务纠纷。

（2）劳动争议的分类

1）劳动争议按人数分类，可以分为个人争议和集体争议。其中，集体争议是指劳动者一方在十人以上并有共同请求的争议，或者因履行集体合同发生的劳动争议。

2）劳动争议按性质分类，可以分为权利争议和利益争议。权利争议一般是指对现行法律、法规、集体合同、劳动合同、聘用合同所规定的权利和义务在实施或解释上发生的争议。权利争议是一种既定权利争议，主要包括法定权利和义务内容与约定权利和义务内容的争议。利益争议一般是指集体协商双方为订立、续订或变更集体合同产生的争议。利益争议是一种待定权利争议，主要包括改变原权利和义务与确定新权利和义务的争议。

（3）劳动争议的当事人

1）双方当事人——劳动者和用人单位。劳动者和用人单位作为劳动关系的主体，享有法律规定的权利和义务，在劳动合同订立、履行、解除和终止过程中，一方认为另一方侵害自己的合法权益时，双方之间发生劳动争议。在劳动争议仲裁中，则体现为申请人和被申请人。

2）共同当事人。在劳动争议处理过程中，除劳动者和用人单位作为双方当事人以外，在特定情形下，劳动者和用人单位以外的主体依据法律法规规定，必须作为一方主体参加争议处理，作为共同当事人，一般包括以下几种情形。

①劳务派遣单位或者用工单位与劳动者发生劳动争议的，劳务派遣单位和用工单位为共同当事人。

②发生争议的用人单位被吊销营业执照、责令关闭、撤销以及用人单位决定提前解散、歇业，不能承担相关责任的，依法将其出资人、开办单位或主管部门作为共同当事人。

③劳动者与个人承包经营者发生争议的，应当将发包的组织和个人承包经营者作为共同当事人。

3）集体争议代表人。集体争议涉及人数众多，且双方矛盾较为集中尖锐，极易引发群体性事件，如裁员纠纷、拖欠工资纠纷等，对仲裁机构来说，纠纷处理的压力更大，同时让所有人参加仲裁也存在现实的操作难度。因此，对于劳动者一方在十人以上并有共同请求的争议，劳动者可以推举三名至五名代表参加仲裁活动，代表人参加仲裁的行为对其所代表的当事人发生效力，但代表人变更、放弃仲裁请求或者承认对方当事人的仲裁请求，进行和解，必须经被代表的当事人同意。

4）第三人。劳动争议第三人是指与劳动争议处理结果有利害关系的当事人。根据《调解仲裁法》的规定，与劳动争议案件的处理结果有利害关系的第三人，可以申请参加仲裁活动或者由劳动争议仲裁委员会通知其参加仲裁活动。劳动争议仲裁活动中的第三人，可以相当于民事诉讼活动中的无独立请求权第三人，对当事人之间争议的标的没有独立的请求权，但案件处理的结果可能同其有法律上的利害关系，在仲裁过程中有当事人的权利和义务。

2. 劳动争议仲裁的概念和基本原则

（1）劳动争议仲裁的概念。劳动争议仲裁是指法定仲裁机构作为第三方依据法定程序对劳动争议事实作出判断、对双方当事人权利和义务作出裁断的法律制度。

（2）劳动争议仲裁的基本原则。劳动争议仲裁应当遵循的基本原则主要包括以下几点。

1）合法性原则。劳动争议仲裁以法律、法规、规章、政策、合同约定等作为处理依据，依法维护当事人的合法权益。

2）公正性原则。劳动争议仲裁依法保障当事人合法权益，对当事人在适用法律上平等，不偏袒或歧视任何一方。公正性原则体现在仲裁机构三方组成、仲裁过程公开、仲裁结果可诉等仲裁规则中。

3）及时性原则。通过灵活简便的仲裁程序，减少诉累拖延，及时保障当事人合法权益。及时性原则体现在受理程序、处理期限等规则中。

4）着重调解原则。运用完善的调解规则、强化的调解程序、有效的调解结果等化解矛盾机制，促使劳动争议当事人取得谅解，达成协议。着重调解原则体现在实践中的仲裁前置调解和仲裁继续调解两个方面。

3. 劳动争议仲裁组织

（1）仲裁委员会和仲裁院。劳动争议仲裁委员会由人民政府依法设立，专门处理争议案件。劳动争议仲裁委员会由劳动行政部门代表、工会代表和企业方面代表组成。仲裁委员会按统筹规划、合理布局、实际需要原则设立。仲裁委员会不按行政区划层层设立。

仲裁委员会下设实体化的办事机构，具体承担争议调解仲裁等日常工作。办事机构称为劳动争议仲裁院，设在劳动行政部门。仲裁院对仲裁委员会负责并报告工作。

（2）仲裁员和仲裁庭。仲裁员是由仲裁委员会聘任、依法调解和仲裁争议案件的专业工作人员。仲裁员分为专职仲裁员和兼职仲裁员。专职仲裁员和兼职仲裁员在调解仲裁活动中享有同等权利，履行同等义务。仲裁员应当公道正派并符合下列条件之一：曾任审判员的；从事法律研究、教学工作，并具有中级以上职称的；具有法律知识、从事人力资源管理或者工会等专业工作满五年的；律师执业满三年的。

仲裁委员会处理争议案件实行仲裁庭制度，实行一案一庭制。处理下列争议案件应当由三名仲裁员组成仲裁庭，设首席仲裁员：十人以上并有共同请求的争议案件；履行集体合同发生的争议案件；有重大影响或者疑难复杂的争议案件；仲裁委员会认为应当由三名仲裁员组庭处理的其他争议案件。简单争议案件可以由一名仲裁员独任仲裁。

此外，记录人员负责案件庭审记录等相关工作，记录人员不得由本庭仲裁员兼任。

二、劳动争议仲裁受理范围

1. 因确认劳动关系发生的争议

劳动者与用人单位就双方之间是否存在劳动关系而发生争议，属于因确认劳动关系发生的争议。

2. 因订立、履行、变更、解除和终止劳动合同发生的争议

劳动关系当事人因未订立劳动合同，或劳动合同涉嫌无效，或在劳动合同订立过程中发生的争议，属于因订立劳动合同发生的争议。

劳动合同当事人因履行劳动合同约定义务，或享有劳动合同约定权利发生的争议，属于因履行劳动合同发生的争议。

劳动合同当事人在劳动合同依法订立后，因劳动合同内容部分修改、补充或者调整而发生的争议，属于因变更劳动合同发生的争议。

劳动合同履行过程中，劳动合同当事人因法定事由提前消灭而发生的争议，属于因解除劳动合同发生的争议。

劳动合同双方当事人履行了全部义务，实现了全部权利；或在履行过程中出现了法定的终止条件，劳动合同当事人依法结束双方劳动关系发生的争议，属于因终止劳动合同发生的争议。

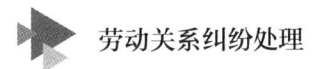

3. 因除名、辞退和辞职、离职发生的争议

《劳动法》施行之前，用人单位依据当时国务院的《企业职工奖惩条例》《国营企业辞退违纪职工暂行规定》等，采用开除、除名、辞退等方式解雇职工，职工则采用辞职、离职的方式离开用人单位。目前，这些规定已被废止，但有些用人单位仍然沿用了上述名称，因其所造成的实际后果同样是双方解除了劳动合同（或劳动关系），由此发生的争议实质上是一种因解除劳动合同发生的争议。

4. 因工作时间、休息休假、社会保险、福利、培训以及劳动保护发生的争议

劳动合同当事人因用人单位执行的工作时间是否符合国家法定标准或是否符合依法订立的规章制度、集体合同、劳动合同约定标准而发生的争议，属于因工作时间发生的争议。

劳动合同当事人因用人单位是否依法执行休息休假法律规定而发生的争议，属于因休息休假发生的争议。

劳动者以用人单位未为其办理社会保险手续，且社会保险经办机构不能补办导致其无法享受社会保险待遇为由，要求用人单位赔偿损失而发生的争议，属于因社会保险发生的争议。

劳动合同当事人因履行集体合同、劳动合同和规章制度中规定的有关福利待遇等规定、约定而发生的争议，属于因福利发生的争议。

劳动合同当事人因执行或者履行法律、法规、规章及集体合同、劳动合同、培训协议、服务期协议和规章制度中规定的有关培训事项等规定、约定而发生的争议，属于因培训发生的争议。

劳动合同当事人因用人单位是否为劳动者提供符合有关法律、法规、规章及集体合同、规章制度规定的劳动安全卫生条件、劳动保护措施等标准而发生的争议，属于因劳动保护发生的争议。

5. 因劳动报酬、工伤医疗费、经济补偿或者赔偿金等发生的争议

劳动合同当事人因未执行有关工资支付的规定或者未履行有关工资支付的约定而发生的争议，属于因劳动报酬发生的争议。

劳动合同当事人因工伤或职业病的医疗费支付问题发生的争议，属于因工伤医疗费发生的争议。

劳动合同当事人因经济补偿的标准和支付发生的争议，属于因经济补偿发生的争议。

劳动合同当事人因法律法规规定的赔偿金的标准和支付发生的争议，属于因赔偿金发生的争议。

6. 法律法规规定的其他劳动争议

根据《劳动合同法》第五十六条规定，因履行集体合同发生争议，经协商解决不成的，工会可以依法申请仲裁、提起诉讼。

除上述列举范围以外，法律法规另有规定的属于劳动争议性质的其他纠纷，也可纳入劳动争议仲裁范围。

三、劳动争议仲裁管辖和时效

1. 劳动争议仲裁管辖

劳动争议由劳动合同履行地或者用人单位所在地的劳动争议仲裁委员会管辖。劳动合同履行地为劳动者实际工作场所地，用人单位所在地为用人单位注册、登记地或者主要办事机构所在地。

双方当事人分别向劳动合同履行地和用人单位所在地的仲裁委员会申请仲裁的，由劳动合同履行地的仲裁委员会管辖。有多个劳动合同履行地的，由最先受理的仲裁委员会管辖。劳动合同履行地不明确的，由用人单位所在地的仲裁委员会管辖。

案件受理后，劳动合同履行地或者用人单位所在地发生变化的，不改变争议仲裁的管辖。

仲裁委员会发现已受理案件不属于其管辖范围的，应当移送至有管辖权的仲裁委员会，并书面通知当事人。对移送案件，受移送的仲裁委员会应当依法受理。受移送的仲裁委员会认为移送的案件按照规定不属于其管辖，或者仲裁委员会之间因管辖争议协商不成的，应当报请共同的上一级仲裁委员会主管部门指定管辖。

2. 劳动争议仲裁时效

仲裁时效是指劳动争议当事人向仲裁委员会提出仲裁申请的有效期限。

（1）一般时效。劳动争议申请仲裁的时效期间为一年。仲裁时效期间从当事人知道或者应当知道其权利被侵害之日起计算。

（2）时效中断。在申请仲裁的时效期间内，有下列情形之一的，仲裁时效中断。

1）一方当事人通过协商、申请调解等方式向对方当事人主张权利的。

2）一方当事人通过向有关部门投诉，向仲裁委员会申请仲裁，向人民法院起诉或者申请支付令等方式请求权利救济的。

3）对方当事人同意履行义务的。从中断时起，仲裁时效期间重新计算。

（3）时效中止。因不可抗力，或者有无民事行为能力、限制民事行为能力劳动者的法定代理人未确定等其他正当理由，当事人不能在规定的仲裁时效期间申请仲裁的，仲裁时效中止。从时效中止的原因消除之日起，仲裁时效期间继续计算。

（4）特殊时效。劳动关系存续期间因拖欠劳动报酬发生争议的，劳动者申请仲裁不受一般仲裁时效期间的限制。劳动关系解除或终止的，一年的时效期间应当自劳动关系解除或终止之日起计算。

相关案例

关于时效问题的纠纷

【案情介绍】

王先生是某医疗器材公司的销售员，工作期间销售业绩一直名列前茅。2016年5月，王先生为谋求更好的职业发展，向医疗器材公司提出辞职并获批准。离职结算时，尚有部分销售提成未能结清，公司承诺王先生，待收到对方货款后结清，并支付到王先生的账户。王先生遂离职。至2017年12月，王先生还是没有收到提成奖金，于是致电公司财务了解情况，得知公司已于2016年12月收到了货款，便向公司提出结清提成奖金，公司未能兑现。王先生于2018年2月向劳动争议仲裁机构申请仲裁，要求公司支付销售提成款。

【案件评析】

本案争议焦点：王先生于2016年5月解除劳动合同，于2018年2月提出仲裁申请，是否超过了法定的仲裁时效？

本案中，虽然王先生已于2016年5月解除了劳动合同，但其获得提成奖金的前提是销售货款到账。虽然货款已经于2016年12月到账，但是公司并没有尽到告知义务，王先生已非该公司员工，无法得知公司货款回收情况。2017年12月，王先生询问公司财务后得知货款已到账，此时方知其权益受到了侵害。按照仲裁时效期间从当事人知道或者应当知道其权利被侵害之日起计算的规定，本案的时效期间应从2017年12月起算，因此未超过一年，仲裁委员会应受理。

四、劳动争议仲裁基本程序

1. 劳动争议仲裁申请和受理

（1）仲裁申请。申请人申请仲裁应当提交书面仲裁申请，并按照被申请人的人数提交副本。仲裁申请书应当载明下列事项。

1）劳动者的姓名、性别、年龄、职业、工作单位和住所，以及用人单位的名称、住所和法定代表人或者主要负责人的姓名、职务。

2）仲裁请求和所根据的事实、理由。

3）证据和证据来源、证人姓名和住所。

当事人书写仲裁申请确有困难的，可以口头申请，由劳动争议仲裁委员会记入笔录，并告知对方当事人。

（2）仲裁受理。仲裁委员会对符合下列条件的仲裁申请应当予以受理，并在收到仲裁申请之日起五日内向申请人出具受理通知书。

1）属于规定的争议范围。

2）有明确的仲裁请求和事实理由。

3）申请人是与本案有直接利害关系的自然人、法人或者其他组织，有明确的被申请人。

4）属于本仲裁委员会管辖范围。

对于不符合上述前三项之一的仲裁申请，仲裁委员会不予受理，并在收到仲裁申请之日起五日内向申请人出具不予受理通知书。

对于不符合上述第四项的仲裁申请，仲裁委员会应当在收到仲裁申请之日起五日内，向申请人作出书面说明并告知申请人向有管辖权的仲裁委员会申请仲裁。

对劳动争议仲裁委员会不予受理或者逾期未作出决定的，申请人可以就该劳动争议事项向人民法院提起诉讼。

（3）被申请人答辩。劳动争议仲裁委员会受理仲裁申请后，应当在五日内将仲裁申请书副本送达被申请人。被申请人收到仲裁申请书副本后，应当在十日内向劳动争议仲裁委员会提交答辩书。劳动争议仲裁委员会收到答辩书后，应当在五日内将答辩书副本送达申请人。被申请人未提交答辩书的，不影响仲裁程序的进行。

2. 开庭和裁决

（1）关于回避。劳动争议仲裁委员会应当在受理仲裁申请之日起五日内将仲裁庭的组成情况书面通知当事人。

仲裁员有下列情形之一，应当回避，当事人也有权以口头或者书面方式提出回避申请。

1）是本案当事人或者当事人、代理人的近亲属的。

2）与本案有利害关系的。

3）与本案当事人、代理人有其他关系，可能影响公正裁决的。

4）私自会见当事人、代理人，或者接受当事人、代理人请客送礼的。

劳动争议仲裁委员会对回避申请应当及时作出决定，并以口头或者书面方式通知当事人。

（2）开庭通知。仲裁庭应当在开庭五日前，将开庭日期、地点书面通知双方当事人。当事人有正当理由的，可以在开庭三日前请求延期开庭。是否延期，由劳动争议仲裁委员会决定。

申请人收到书面通知，无正当理由拒不到庭或者未经仲裁庭同意中途退庭的，可以视为撤回仲裁申请。

被申请人收到书面通知，无正当理由拒不到庭或者未经仲裁庭同意中途退庭的，可以缺席裁决。

（3）开庭审理。仲裁庭审理劳动争议案件一般应当公开进行，但当事人协议不公开进行或者劳动争议案件涉及国家秘密、商业秘密或个人隐私的除外。

开庭审理时，仲裁员应当听取申请人的陈述和被申请人的答辩，主持庭审调查、质证和辩论，征询当事人最后意见并进行调解。

仲裁庭应当将开庭情况记入笔录。当事人或者其他仲裁参与人认为对自己陈述的记录有遗漏或者差错的，有权当庭申请补正。仲裁庭认为申请无理由或者无必要的，可以不予补正，但是应当记录该申请。

仲裁员、记录员、当事人和其他仲裁参与人应当在庭审笔录上签名或者盖章。当事人或者其他仲裁参与人拒绝在庭审笔录上签名或者盖章的，仲裁庭应当记明情况附卷。

（4）争议处理期限。仲裁庭裁决（处理）劳动争议案件，应当自仲裁委员会受理仲裁申请之日起四十五日内结束。案情复杂需要延期的，经仲裁委员会主任批准，可以延期。延期审理的案件应当书面通知当事人，延长期限不得超过十五日。

（5）争议处理结果

1）调解。仲裁庭在作出裁决前，应当先行调解。调解达成协议的，仲裁庭应当制作调解书。调解书经双方当事人签收后，发生法律效力。

调解不成或者调解书送达前一方当事人反悔的，仲裁庭应当及时作出裁决。

2）裁决。裁决书应当载明仲裁请求、争议事实、裁决理由、裁决结果和裁决日期。裁决书由仲裁员签名，加盖劳动争议仲裁委员会印章。裁决应当按照多数仲裁员的意见作出，少数仲裁员的不同意见应当记入笔录。仲裁庭不能形成多数意见时，裁决应当按照首席仲裁员的意见作出终局裁决和非终局裁决。

终局裁决是指自裁决作出之日即发生法律效力的裁决。以下两类劳动争议的裁决属于终局裁决：①追索劳动报酬、工伤医疗费、经济补偿或者赔偿金，如果仲裁裁决涉及数项，对单项裁决数额不超过当地月最低工资标准十二个月金额的事项；②因执行国家的劳动标准在工作时间、休息休假、社会保险等方面发生的争议应当适用终局裁决。

劳动者对终局裁决不服的，可以自收到仲裁裁决书之日起十五日内向人民法院提起诉讼。用人单位有证据证明终局裁决有下列情形之一，可以自收到仲裁裁决书之日起三十日内向劳动争议仲裁委员会所在地的中级人民法院申请撤销裁决：①适用法律法规确有错误的；②劳动争议仲裁委员会无管辖权的；③违反法定程序的；④裁决所根据的证据是伪造的；⑤对方当事人隐瞒了足以影响公正裁决的证据的；⑥仲裁员在仲裁该案时有索贿受贿、徇私舞弊、枉法裁决行为的。

仲裁裁决被人民法院裁定撤销的，当事人可以自收到裁决书之日起十五日内就该劳动争议事项向人民法院提起诉讼。

仲裁委员会对于非终局事项作出裁决，当事人不服的，可以自收到仲裁裁决书之日起十五日内向人民法院提起诉讼；期满不起诉的，裁决书发生法律效力。

3）撤回仲裁申请。撤回仲裁申请是指仲裁委员会受理当事人提出的仲裁申请后，在仲裁庭作出仲裁裁决之前，仲裁申请人撤回自己的仲裁申请，不再请求仲裁庭对该争议案件进行审理、作出仲裁裁决。

关于撤回仲裁申请有两种情形：第一种是仲裁申请人主动申请撤回仲裁申请，此类情形大多是因为当事人之间已经达成了和解协议；第二种情形是按撤回仲裁申请处理，即仲裁委员会受理仲裁申请后，基于仲裁申请人的某种行为，推定其有撤回仲裁申请的意思，根据《劳动争议调解仲裁法》的规定，申请人收到书面通知，无正当理由拒不到庭或者未经仲裁庭同意中途退庭的，可以视为撤回仲裁申请。

（6）调解协议的仲裁审查确认。2017年，人力资源社会保障部修订了《劳动人事争议仲裁办案规则》（以下简称《办案规则》），自2017年7月1日起施行。该《办案规则》中增加了对调解组织达成调解协议的仲裁审查确认程序。

双方当事人在调解组织达成调解协议的，可以自调解协议生效之日起十五日内共同向有管辖权的劳动争议仲裁委员会提出仲裁审查申请。

当事人申请审查调解协议，应当向仲裁委员会提交仲裁审查申请书、调解协议、身份证明、资格证明以及其他与调解协议相关的证明材料，并提供双方当事人的送达地址、电话号码等联系方式。

仲裁委员会收到当事人仲裁审查申请，应当及时决定是否受理。决定受理的，应当出具受理通知书。有下列情形之一的，仲裁委员会不予受理：①不属于仲裁委员会受理争议范围的；②不属于本仲裁委员会管辖的；③超出规定的仲裁审查申请期间的；④确认劳动关系的；⑤调解协议已经人民法院司法确认的。

仲裁委员会审查调解协议，应当自受理仲裁审查申请之日起五日内结束。因特殊情况需要延期的，经仲裁委员会主任或者其委托的仲裁院负责人批准，可以延长五日。调解书送达前，一方或者双方当事人撤回仲裁审查申请的，仲裁委员会应当准许。

仲裁委员会受理仲裁审查申请后，应当指定仲裁员对调解协议进行审查。

仲裁委员会经审查认为调解协议的形式和内容合法有效的，应当制作调解书。调解书的内容应当与调解协议的内容一致。调解书经双方当事人签收后，发生法律效力。

调解协议具有下列情形之一的，仲裁委员会不予制作调解书：①违反法律、行政法规强制性规定的；②损害国家利益、社会公共利益或者公民、法人、其他组织合法权益的；③当事人提供证据材料有弄虚作假嫌疑的；④违反自愿原则的；⑤内容不明确的；⑥其他不能制作调解书的情形。仲裁委员会决定不予制作调解书的，应当书面通知当事人。

当事人撤回仲裁审查申请或者仲裁委员会决定不予制作调解书的，应当终止仲裁审查。

学习单元 2

劳动保障监察

法条链接

《劳动保障监察条例》

第九条 任何组织或者个人对违反劳动保障法律、法规或者规章的行为,有权向劳动保障行政部门举报。

劳动者认为用人单位侵犯其劳动保障合法权益的,有权向劳动保障行政部门投诉。

劳动保障行政部门应当为举报人保密;对举报属实,为查处重大违反劳动保障法律、法规或者规章的行为提供主要线索和证据的举报人,给予奖励。

第十一条 劳动保障行政部门对下列事项实施劳动保障监察:

(一)用人单位制定内部劳动保障规章制度的情况;

(二)用人单位与劳动者订立劳动合同的情况;

(三)用人单位遵守禁止使用童工规定的情况;

(四)用人单位遵守女职工和未成年工特殊劳动保护规定的情况;

(五)用人单位遵守工作时间和休息休假规定的情况;

(六)用人单位支付劳动者工资和执行最低工资标准的情况;

(七)用人单位参加各项社会保险和缴纳社会保险费的情况;

（八）职业介绍机构、职业技能培训机构和职业技能考核鉴定机构遵守国家有关职业介绍、职业技能培训和职业技能考核鉴定的规定的情况；

（九）法律、法规规定的其他劳动保障监察事项。

第十八条　劳动保障行政部门对违反劳动保障法律、法规或者规章的行为，根据调查、检查的结果，作出以下处理：

（一）对依法应当受到行政处罚的，依法作出行政处罚决定；

（二）对应当改正未改正的，依法责令改正或者作出相应的行政处理决定；

（三）对情节轻微且已改正的，撤销立案。

发现违法案件不属于劳动保障监察事项的，应当及时移送有关部门处理；涉嫌犯罪的，应当依法移送司法机关。

第二十条　违反劳动保障法律、法规或者规章的行为在 2 年内未被劳动保障行政部门发现，也未被举报、投诉的，劳动保障行政部门不再查处。

前款规定的期限，自违反劳动保障法律、法规或者规章的行为发生之日起计算；违反劳动保障法律、法规或者规章的行为有连续或者继续状态的，自行为终了之日起计算。

第二十一条　用人单位违反劳动保障法律、法规或者规章，对劳动者造成损害的，依法承担赔偿责任。劳动者与用人单位就赔偿发生争议的，依照国家有关劳动争议处理的规定处理。

对应当通过劳动争议处理程序解决的事项或者已经按照劳动争议处理程序申请调解、仲裁或者已经提起诉讼的事项，劳动保障行政部门应当告知投诉人依照劳动争议处理或者诉讼的程序办理。

劳动保障监察是法律赋予劳动保障行政机关监督用人单位执行法律法规、保护劳动者合法权益的一项职权。其主要功能是纠正和查处用人单位违反劳动保障法律法规的行为。根据相关法律规定，用人单位存在拖欠或未足额支付劳动报酬，或拖欠工伤医疗费、经济补偿或者赔偿金等情形的，劳动者可以向劳动保障监察机构投诉，对于这类投诉劳动保障监察机构应当依法处理。由于处理此类投诉往往涉及用人单位和劳动者的不同主张，具有解决纠纷和争议的性质，因此，劳动保障监察也是处理劳动关系纠纷的方式之一。

一、劳动保障监察概述

1. 劳动保障监察的主体

在我国,劳动保障监察的主体是劳动行政部门。这是由法律法规规定的。根据《劳动法》《劳动保障监察条例》等规定,县级以上地方各级人民政府劳动行政部门主管本行政区域内的劳动保障监察工作。一般情况下,各级劳动行政部门下设劳动保障监察机构,具体负责组织实施劳动保障监察。例如,上海市的市级层面设立劳动保障监察总队,区级层面设立各区劳动保障监察大队,分别接受市和区劳动行政部门的委托,具体实施劳动保障监察。接受委托实施劳动保障监察的机构,必须以劳动行政部门的名义作出具体行政行为,并由劳动行政部门承担相应法律后果。

2. 劳动保障监察对劳动关系纠纷处理的职责

根据《劳动法》《劳动保障监察条例》等规定,劳动保障监察的基本职责包括以下四个方面:一是宣传劳动保障法律、法规和规章,督促用人单位贯彻执行;二是检查用人单位遵守劳动保障法律、法规和规章的情况;三是受理对违反劳动保障法律、法规或者规章行为的举报、投诉;四是依法纠正和查处违反劳动保障法律、法规或者规章的行为。

在劳动关系纠纷处理方面,主要是根据劳动者的投诉,在查处用人单位以下行为的同时,解决双方发生的劳动关系纠纷:①未按照劳动合同的约定或国家规定及时足额支付劳动者劳动报酬的;②低于当地最低工资标准支付劳动者工资的;③安排加班不支付加班费的;④解除或终止劳动合同,未依照劳动合同法规定向劳动者支付经济补偿的;⑤违反国家规定拖欠工伤医疗费的;⑥依照劳动合同法规定应当向劳动者每月支付两倍工资而未支付的;⑦依照劳动合同法规定应当向劳动者支付赔偿金而未支付的;⑧不安排劳动者休年休假又不按规定给予年休假工资报酬等。

二、劳动保障监察对象和事项

1. 劳动保障监察对象

劳动保障监察对象是指劳动保障监察机构可以并且应当实施劳动保障监察的目标主体。根据《劳动合同法》《就业促进法》《劳动保障监察条例》《劳动合同法实施条例》等规定,劳动保障监察对象包括用人单位、职业中介机构、职业技能培训机构和职业技能鉴定机构，以及其他机构和个人。劳动关系纠纷主要涉及用人单位和劳动者，因此，就处理劳动关系纠纷而言，劳动保障监察对象以用人单位为主，其中又以企业、个体经济组织和民办非企业单位为主。

2. 劳动保障监察事项

劳动保障监察事项是指劳动保障监察机构应当实施劳动保障监察的内容和行为，也称为劳动保障监察案件受理范围。法律法规规定的劳动保障监察事项主要包括以下九个方面：一是用人单位制定直接涉及劳动者切身利益的规章制度的情况；二是用人单位与劳动者订立和解除劳动合同的情况；三是用人单位遵守禁止使用童工规定的情况；四是用人单位遵守女职工和未成年工特殊劳动保护规定的情况；五是用人单位遵守工作时间和休息休假规定的情况；六是用人单位支付劳动者工资和执行最低工资标准的情况；七是用人单位参加社会保险和缴纳社会保险费的情况；八是职业中介机构、职业技能培训机构和职业技能鉴定机构遵守有关职业介绍、职业技能培训和职业技能鉴定规定的情况；九是法律法规和规章规定的其他劳动保障监察事项。

3. 劳动保障监察处理劳动关系纠纷相关事项

根据法律法规规定，劳动保障监察机构有权并应当处理劳动者关于拖欠或未足额支付劳动报酬、工伤医疗费、经济补偿或者赔偿金等的投诉。因此，就劳动关系纠纷处理而言，劳动保障监察事项主要包括以下几方面的内容。

（1）订立劳动合同方面。劳动保障监察事项主要包括：用人单位与建立劳动关系的劳动者是否订立劳动合同，没有订立劳动合同是否支付二倍工资；用人单位提供的劳动合同文本是否载明法定的必备条款；用人单位是否将劳动合同文本交付劳动者；用人单位与劳动者约定的试用期是否符合法律规定，对违法约定但已履行的试用期是否支付赔偿金等。

（2）解除、终止劳动合同方面。劳动保障监察事项主要包括：用人单位解除或者终止劳动合同是否依法向劳动者支付经济补偿，是否向劳动者出具解除或者终止劳动合同的证明，是否及时为劳动者办理退工和社会保险关系转移手续，是否扣押劳动者档案或其他物品，属违法解除或者终止劳动合同的是否支付赔偿金等。

（3）安排工作时间和休息休假方面。劳动保障监察事项主要包括：用人单位是否违法延长工作时间（即超时加班），是否按规定安排带薪年休假等内容，如没有按照《职工带薪年休假条例》规定安排劳动者休年假的，是否按规定支付了年休假工资报酬等。

（4）支付劳动者工资和执行最低工资标准方面。劳动保障监察事项主要包括：用人单位是否按照劳动合同约定和国家规定，以货币形式向劳动者及时足额支付劳动报酬，即是否存在克扣或者无故拖欠工资的情况；在劳动者提供正常劳动的情况下，用人单位支付给劳动者的工资是否低于当地最低工资标准；用人单位安排劳动者加班后，是否按照规定支付加班工资；用人单位在支付工资时是否向劳动者提供个人工资清单等。

（5）参加社会保险和缴纳社会保险费方面。由于各地区社会保险费征收体制不同，各地在社会保险方面的劳动保障监察事项也不尽相同。上海市劳动保障监察在这方面的事项主要包括：受理并查处劳动者个人反映用人单位存在未按时足额为其缴纳社会保险费的投诉，检查用人单位是否存在未按规定办理单位社会保险登记的情况，查处用人单位未按月将缴纳社会保险费的明细情况告知劳动者本人的行为。

 **相关案例**

劳动保障监察处理劳动关系纠纷

【案情介绍】

张先生进入一家贸易公司工作，公司与他订立了为期二年的劳动合同。合同一式二份，张先生签字以后，公司称盖好公司章后给他一份，但事后张先生却一直没有收到劳动合同。一年后，张先生再次向公司索要劳动合同未果，遂向劳动保障监察机构投诉，要求劳动保障监察机构责令该公司给他一份劳动合同。劳动保障监察机构依法受理张先生的投诉后，对该贸易公司进行了检查。经查，该公司确实没有把劳动合同交给张先生。

【案件评析】

根据《劳动合同法》第十六条、第三十五条等规定，签章生效的劳动合同文本以及变更后的劳动合同文本由用人单位和劳动者各执一份。劳动者有获得劳动合同文本的权利，用人单位有义务将劳动合同文本交付劳动者。本案中，该贸易公司确实存在未将劳动合同文本交付劳动者的行为。

本案处理结果：劳动保障监察机构依据《劳动合同法》第八十一条规定，责令该贸易公司限期改正。

三、劳动保障监察管辖与查处期限

1. 劳动保障监察管辖

劳动保障监察管辖是指各级或各地区劳动保障监察机构，对用人单位进行监督检查、对劳动保障违法行为或劳动关系纠纷进行调查处理的分工和权限划分。

根据《劳动保障监察条例》《上海市实施〈劳动保障监察条例〉若干规定》等，对用人单位的劳动保障监察，由用人单位用工所在地的区级劳动保障监察机构管辖。市级劳动保障监察机构根据工作需要，可以直接调查处理区级劳动保障监察机构管辖的案件。用人单位用工所在地可以是用人单位主要用工行为发生地，也可以是用人单位住所地。如果区级劳动保障监察机构对劳动保障监察管辖发生争议的，应当报请市级劳动保障监察机构指定管辖。

2. 劳动保障监察查处期限

（1）查处期限的概念。劳动保障监察查处期限又称为劳动保障监察追究时效，是指劳动保障监察机构依法对存在劳动保障违法行为的用人单位进行检查并追究其法律责任的有效期限。劳动保障违法行为或劳动关系纠纷超过法定查处期限的，劳动保障监察机构不能再对其进行查处和追究相应用人单位的法律责任。

（2）查处期限的规定。根据《劳动保障监察条例》规定，违反劳动保障法律、法规或者规章的行为在二年内未被劳动行政部门发现，也未被举报、投诉的，劳动行政部门不再查处。因此，劳动保障监察查处期限为二年。这意味着在劳动保障违法行为发生后的二年内，有管辖权的劳动保障监察机构未发现这一违法行为，该违法行为也未被举报、投诉，二年后即使这一违法事实被发现（或被举报、投诉），劳动保障监察机构也不再调查处理。二年查处期限自违反劳动保障法律、法规或规章的行为发生之日起计算；违反劳动保障法律、法规或规章的行为有连续或者继续状态的，自行为终了之日起计算。

相关案例

劳动保障监察查处期限

【案情介绍】

2017年7月1日，某化工贸易公司的员工周某到劳动保障监察机构投诉，反映自己2012年2月进入该公司工作，2014年2月28日辞职离开公司，当时在与公司办理离职手续结算工资时，公司在其当月工资中扣除了200元，理由是周某提前解除劳动合同必须支付违约金。周某认为这不符合法律规定，侵犯了自己的合法权益，但由于当时急于到外地工作，未能及时进行投诉，现投诉要求该公司补发所克扣的工资。

【案件评析】

从本案实体上来看，如果周某所述属实，则用人单位违反了《劳动合同法》有关除竞业限制和重大培训之外不得对劳动者设置违约金的规定。但按照劳动保障监察查处期限的规定，周某于 2014 年 2 月 28 日知道其被克扣工资后，要求劳动保障监察机构处理的，应当在 2016 年 2 月 28 日之前进行投诉，现周某投诉时间是 2017 年 7 月 1 日，超过了二年期限。

本案处理结果：基于周某投诉请求事项已经超过劳动保障监察查处期限，劳动保障监察机构决定不予受理，并书面通知了周某。

四、劳动保障监察主要程序

1. 立案

对于劳动者本人向劳动保障监察机构反映用人单位违反劳动保障法律法规侵犯其合法权益的投诉，在同时符合下列条件的情况下，劳动保障监察机构应当在接到投诉之日起五个工作日内依法受理，并于受理之日立案查处。

（1）投诉人应向劳动保障监察机构递交投诉文书。投诉文书应当载明下列事项。

1）投诉人的姓名、性别、年龄、职业、工作单位、住所和联系方式，被投诉用人单位的名称、住所、法定代表人或者主要负责人的姓名、职务。

2）劳动保障合法权益受到侵害的事实和投诉请求事项。

（2）在劳动保障监察查处期限内，即违反劳动保障法律法规的行为发生在二年内。

（3）有明确的被投诉用人单位，且投诉人的合法权益受到侵害是被投诉用人单位违反劳动保障法律的行为所造成。

（4）属于劳动保障监察职权范围并由受理投诉的劳动保障监察机构管辖。

对于符合上述条件的投诉，受理就意味着立案，即决定将其作为劳动保障监察案件进行调查。

2. 调查

在劳动保障监察机构处理劳动关系纠纷过程中，调查是指处理机构依照法定程序向用人单位、相关人员或有关部门进行了解、调查，并收集相关证据材料的行为。

（1）调查的要求。劳动保障监察员在进行调查时，应当符合以下要求。

1）不得少于二人，其中一人为主办劳动保障监察员。

2）应当佩戴劳动保障监察执法标志，出示劳动保障监察证件，并说明身份。

3）应当就调查事项制作笔录，并由劳动保障监察员和被调查人（或其委托代理人）签名或盖章。

4）如果劳动保障监察员本人是用人单位法定代表人或主要负责人的近亲属，或者本人或其近亲属与承办查处的案件有直接利害关系，或者因其他原因可能影响案件公正处理的，应当回避。

（2）调查的措施。劳动保障监察员在进行调查时，有权采取下列措施。

1）进入用人单位的劳动场所进行调查。

2）就调查事项询问有关人员。

3）要求用人单位提供与调查事项相关的文件资料，并作出解释和说明，必要时可以发出调查询问书。

4）采取记录、录音、录像、照相、复制等方式收集有关情况和资料。

5）对事实确凿、可以当场处理的违反劳动保障法律、法规或规章的行为当场予以纠正。

6）委托会计师事务所对用人单位工资支付、缴纳社会保险费的情况进行审计。

7）法律法规规定可以由劳动保障监察机构采取的其他调查措施。

在处理涉及克扣或无故拖欠工资报酬、实际工资低于最低工资标准、拒付经济补偿之类的劳动关系纠纷投诉案件时，如果劳动者与用人单位对具体数额和标准存在争议的，劳动保障监察机构可以要求用人单位提供工资支付凭证等证据，也可以要求投诉人提供与其投诉请求事项相关的证据材料。劳动保障监察机构认为需要时，还可以通过召开有双方当事人参加的调查会的方式对案件事实进行调查确认。如果用人单位拒绝提供或逾期不能提供证据的，劳动保障监察机构可以根据劳动者提供的材料及其他有关证据认定具体事实。

（3）调查的时间。劳动保障监察机构对违反劳动保障法律、法规或者规章行为的调查，应当自立案之日起六十个工作日内完成；对情况复杂的，经劳动行政部门负责人批准可以延长三十个工作日。这里的"工作日"是指扣除休息日和法定休假日的工作时间。

3. 案件处理

在处理劳动关系纠纷案件时，根据调查的结果，劳动保障监察机构对违反劳动保障法律法规的行为作出处理，主要包括三种方式：对情节轻微且已改正的，撤销立案；对应当改正未改正的，依法责令改正或者作出相应的行政处理决定；对经责令改正拒不改正，或者拒不履行行政处理决定的，依法作出行政处罚决定。

（1）撤销立案。劳动保障监察案件立案后，在具体办理过程中，如果用人单位违法情节轻微，且已经改正的，劳动保障监察机构可以按照规定撤销立案。除此之外，经调查发现存在以下导致案件无法或无须继续办理的情形时，劳动保障监察机构也可以撤销立案，结束对相关劳动保障违法行为或违法嫌疑的查处活动。

1）违法事实不能成立的。

2）被调查用人单位依法宣告破产、解散、关闭，没有财产进行分配，又没有相关义务承受人的。

3）不属于立案的劳动保障监察机构管辖的。

4）不属于劳动保障监察职权范围的。

5）应由劳动争议处理或者诉讼程序办理的。

6）违反劳动保障法律、法规或者规章的行为发生超过二年的。

7）其他法律法规和规章规定应当撤销立案的情形。

（2）责令改正或者作出行政处理决定。对于经调查发现用人单位存在劳动保障违法行为且又未主动改正的，劳动保障监察机构应依法责令其改正或作出行政处理决定。

1）责令改正。责令改正是指对违反劳动保障法律、法规和规章的用人单位作出的要求其纠正违法行为的一种行政措施，是劳动保障监察案件的处理形式之一。劳动保障监察机构查明用人单位确有劳动保障违法行为的，无论对其违法行为是否给予行政处罚、给予何种处罚，都应责令其及时纠正违法行为。责令改正既可以单独适用，也可以在对用人单位给予行政处罚的同时适用。责令改正旨在制止用人单位继续实施劳动保障违法行为，敦促其履行本应履行的法律义务，将违法行为的后果降到最低。在涉及金钱给付义务时，责令改正文书可以不载明劳动保障违法行为所涉及的具体金额，而只要求其依法予以改正。责令改正文书应当明确改正期限，对于法律、法规和规章没有明确规定改正期限的，劳动保障监察机构应予以合理确定。

2）作出行政处理决定。行政处理是指劳动保障监察机构通过劳动保障监察执法活动，对用人单位违反劳动保障法律、法规或规章，拒不履行法定义务的行为，责令其履行法定义务的一种具体行政行为。作出行政处理的程序主要包括事先告知、听取处理对象的陈述和申辩、作出行政处理决定、制作行政处理决定书、送达等。在劳动保障监察执法实践中，行政处理决定主要应用在要求用人单位履行金钱给付义务方面，如责令用人单位支付劳动者工资报酬、经济补偿、赔偿金等。若用人单位在法定期限内拒不执行行政处理决定的，劳动保障监察机构可以依法申请人民法院强制执行。

> **相关案例**
>
> 【案情介绍】
>
> 2015年3月2日,在某酒店工作的吴某到劳动保障监察机构投诉,反映酒店拖欠其2014年12月工资3 000元,要求予以查处。劳动保障监察机构依法受理了吴某的投诉,并立案调查。经查,该酒店存在拖欠吴某2014年12月工资3 000元的违法行为。2015年3月9日,劳动保障监察机构依法向该酒店发出"责令改正通知书",要求其在3月16日前改正拖欠工资的行为,但该酒店未能在限期内改正。2015年3月30日,劳动保障监察机构直接对该酒店作出行政处理决定,责令其十五日内向吴某支付2014年12月期间的工资3 000元,并责令其加付赔偿金1 500元,决定书于当日送达。然而,该酒店不服该行政处理决定,向复议机关申请行政复议,认为劳动保障监察机构违反法定程序,要求撤销该处理决定。
>
> 【案件评析】
>
> 根据《劳动保障监察条例》和《关于实施〈劳动保障监察条例〉若干规定》,对违反劳动保障法律、法规或规章的行为作出行政处理决定前,应当告知用人单位,并听取其陈述、申辩。本案中,劳动保障监察机构没有履行行政处理事先告知义务,剥夺了该酒店的陈述申辩权。
>
> 本案处理结果:复议机关认定该行政处理决定违反法定程序,遂作出撤销该行政处理决定的复议决定。

3) 责令改正与行政处理的区别。责令改正是劳动保障监察执法过程中的一种行为,既不额外增加用人单位的法律义务,也不是最终的处理结果。如果用人单位不按照要求改正劳动保障违法行为,劳动保障监察机构可以进一步作出行政处理或行政处罚。因此,用人单位不可以针对责令改正申请行政复议、提起行政诉讼。

行政处理决定是可以申请人民法院强制执行的具体行政行为,具有一定终局性。因此,用人单位对行政处理决定可以申请行政复议、提起行政诉讼。

(3) 作出行政处罚决定。行政处罚是指劳动保障监察机构依法对违反劳动保障法律法规和规章的用人单位实施劳动保障监察后,给予其法律制裁的具体行政行为。劳动保障监察行政处罚的种类主要有警告、罚款、没收违法所得、暂扣或吊销许可证等。在劳动关系纠纷处理方面,主要是对经责令改正拒不改正,或者拒不履行行政处理决定的用人单位依法给予行政处罚。

1）听取陈述、申辩或者听证。劳动保障监察机构在作出行政处罚决定前，应当通过制发"行政处罚事先告知书"的形式，告知用人单位享有陈述和申辩的权利。用人单位可以放弃陈述或者申辩的权利，但其提出陈述和申辩的，劳动保障监察员应制作笔录，并将其作为实施行政处罚的依据之一。劳动保障监察机构不得拒绝听取拟被处罚用人单位的陈述、申辩，不得因其申辩而加重处罚。此外，在作出责令停产停业、吊销许可证或者营业执照、较大数额罚款等行政处罚决定之前，劳动保障监察机构应当通过送达"行政处罚听证告知书"的形式告知被处罚用人单位有要求举行听证的权利。如果用人单位自收到听证告知书之日起三个工作日内书面提出听证要求的，相应部门应当按照法定程序组织听证，用人单位可以进行陈述、申辩和质证。

2）作出处罚决定并制作文书。在听取用人单位陈述、申辩或者举行听证后，对经过立案、调查终结的劳动保障监察案件，劳动保障监察机构应根据不同情况分别作出处罚决定：对于确有应受处罚的违法行为，根据情节轻重及具体情况，作出行政处罚决定；违法行为轻微，依法可以不予行政处罚的，不予行政处罚；违法事实不能成立，不得给予行政处罚。

给予行政处罚应当制作行政处罚决定书，在决定书中应当告知用人单位若对该处罚决定不服，有权依法申请行政复议或者提起行政诉讼，以及申请行政复议或者提起行政诉讼的途径和期限。行政处罚决定书应当在宣告后当场交付用人单位。用人单位不在场的，劳动保障监察机构应当在七日内依照《民事诉讼法》有关规定将行政处罚决定书送达用人单位。

4. 执行与结案

劳动保障监察机构依法作出的行政处罚决定、行政处理决定，只有得到全面、及时执行，才能维护劳动者的合法权益，保证劳动保障监察的权威性。结案是劳动保障监察程序的重要组成部分，劳动保障监察机构应对符合条件案件及时结案，从而结束劳动保障监察案件办理的全过程。

（1）执行。劳动保障监察案件执行主要包括用人单位主动执行、申请人民法院强制执行等。

1）主动执行。劳动保障监察机构作出行政处罚决定、行政处理决定并送达后，用人单位在规定的期限内，主动履行了行政处罚决定、行政处理决定所规定的全部义务。

2）申请强制执行。用人单位拒不履行劳动保障监察机构作出的已经生效的行政处罚决定、行政处理决定所确定的义务，劳动保障监察机构依法向人民法院提出申请，由人民法院依法对相应用人单位采取强制措施，迫使其履行义务或者达到与履行义务相同状态的一种法律制度。在劳动关系纠纷处理实践中，劳动保障监察机构申请人民法院强制执行的行政决定，主要涉及责令支付劳动者工资报酬、赔偿金或缴纳社会保险费等有关履行清偿财产、金钱给付义务等事项的行政处理决定以及行政处罚决定。

（2）结案。结案是指劳动保障监察机构立案案件经过案件办理程序后结束案件的活动。结案一般标志着劳动保障监察案件已经处理完毕，意味着办案程序的终结。一般而言，劳动保障监察案件可以结案的情形包括以下几种。

1）用人单位在规定期限内按要求履行责令改正文书、主动纠正劳动保障违法行为，无须作出行政处理决定的。

2）不予行政处罚等无须执行的。

3）已经履行行政处罚决定或者行政处理决定的。

4）人民法院终结强制执行或者终结本次强制执行程序的。

5）其他可以结案的情况。

劳动保障监察案件结案后应建立档案，档案资料应当至少保存三年。

附录 劳动关系纠纷处理流程

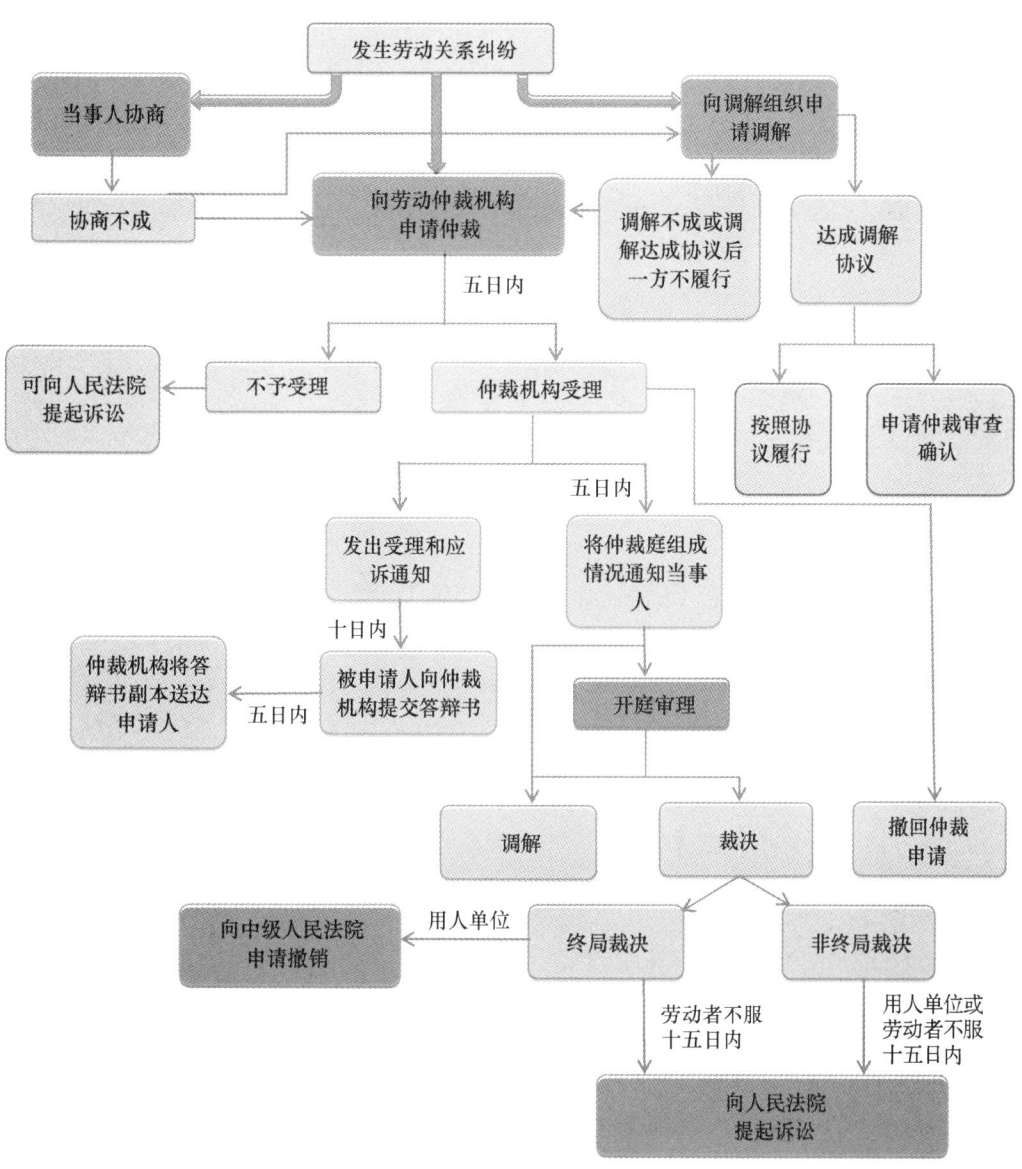